もう二度と
見ることができない
幻の名作
レトロ建築

伊藤隆之　著・写真

はじめに

　近代建築の魅力に惹かれて、私が写真による記録を始めたのは40年近く前のことだ。高度経済成長期に保存運動などもほとんど起こらないまま、名建築が次々と消え去っていった反省もあり、当時は近代建築の価値を見直して街の記憶を守ろうという気運が高まり始めていた頃だった。

　しかし、この時期はバブル景気の真っただ中でもあり、東京都内に残っていた近代建築は再び取り壊しの危機に瀕していた。私は少しでも多くのビルや洋館、公共建築などの姿を写真に収めたくて、東京だけでなく大阪、名古屋、ときには全国各地の地方都市や韓国、中国まで、会社勤めの合間を縫って毎週末のように忙しく駆け巡ったものだ。

　以来、私はおよそ2,500もの近代建築を撮影してきたが、そのなかにはすでに消え去ってしまったものも少なくない。再開発や天災、政治的判断など理由はさまざまだが、その建築的、歴史的、芸術的な価値を考えると、失われてしまったことが残念でならない建物も数多い。

　取り壊されてしまったという事実は変えようがない。しかし、私が撮影した写真のなかには、素晴らしい建物の在りし日の姿が色褪せることなく写し出されている。もはや実物を見ることが叶わないのであれば、せめて写真のなかで失われた名建築の素晴らしさを堪能していただきたい。そんな想いでさまざまなジャンルの名建築を43選び出し、一冊にまとめたのが本書である。

　実は本書が刊行されたのはいまから8年前なのだが、版元の倒産によって本書は「もう二度と見ることができない」本になっていた。しかし、このたび縁あって新たな版元から再販の運びとなり、こうして皆さまに手にしていただけたことは幸甚の極みである。

　かつての建物の佇まいと建築物としての価値、そしてその建物が街並みとどのように調和し、いかなる景観を形成していたのか。撮影時の記憶を思い出しながら、私がこの目で見て感じた在りし日の建物の様子も書き加えさせていただいた。往時に想いを馳せながら、しばし「名作レトロ建築トリップ」をお楽しみいただければ幸いである。

2024年6月　伊藤隆之

目次

本書は株式会社地球丸から2016年に発行された『もう二度と見ることができない幻の名作レトロ建築』を加筆修正し復刊したものです。

三信ビル

第1章 オフィスビル

Office Buildings

Architecture Data
所在地：東京都千代田区丸の内
設計：三菱合資会社地所部（桜井小太郎）
施工：フラー社（米国）
竣工年：大正12年（1923）
解体年：平成9年（1997）

Marunouchi Building

アメリカの最先端の機械力を駆使した
昭和という時代を象徴する名建築

丸ノ内ビルヂング

　日本初の本格的なオフィスビルとして建設された丸ノ内ビルヂング。通称丸ビル。延床面積18,286坪、高さ33.3m、地上8階・地下1階建てのこのビルは、大正12年に大規模な都市型複合ビルとして完成した。ビルの施工は当時、鉄骨鉄筋高層ビル建設の先進国であったアメリカのフラー社に依頼。クレーンや杭打機など最先端の機械力と建設技術を駆使することで、建設工期の大幅な短縮を可能にする工事に、日本の建設関係者は目を見張った。

　しかし、フラー社が設計製作して送ってきた建設用の鉄骨が細かったため、ビル完成の半年後に東京を襲った関東大震災により、内外壁に亀裂が入るといった破損が起きた。地震国である日本の建設事情を甘く見たフラー社の落ち度である。とはいえ、この丸ビルの被災が契機となって、アメ

リカ式建設方法の直輸入ではない、それ以降のわが国独自の耐震理論の構築と、その実践が進むことになったのも事実である。震災後に改修工事が行われ、本格的に丸ビルが稼働したのは大正15年の7月のことだった。数々のオフィスが入ったこのビルでは3万人のサラリーマンが働き、1階と地下には当時としては珍しいショッピング・アーケードもあり、丸ビルに出入りする人は1日に10万人以上といわれた。

　オフィスビルの嚆矢（こうし）である丸ノ内ビルヂングであったが、三菱地所から取り壊しの発表があったとき、建築関係者や学者、市民団体によって取り壊し反対の運動が起こったものの、運動の甲斐なく平成9年に取り壊された。新たに完成した「丸の内ビルディング（丸ビル）」の低層部分のファサード構成に、「旧丸ビル」の面影が残っている。

丸ノ内ビルヂングと東京中央郵便局

Looking Back 1993

私が初めて丸ビルにカメラを向けた、まだ昭和の時代の丸の内は、周辺のビルも8階建ての高さで揃っており、空はとても広かった。オフィス街ということで、日曜日は人や車の往来が少なくなるのだが、あの静かで閑散とした街の雰囲気が好きだった。高層ビルが林立し、休日ともなるとたくさんの人が訪れる現在の丸の内のにぎやかさは、とても同じ場所とは思えない。

丸ノ内ビルヂング全景。現在は37階建ての高層ビルに建て替えられている

東側玄関部分。アール・デコの装飾が見られた

玄関上部のステンドグラス

モンドリアン風のステンドグラスがあった階段室

Architect Data
所在地：東京都千代田区丸の内
設計：三菱合資会社地所部（藤村朗）
施工：大林組
竣工年：昭和3年（1928）
解体年：平成18年（2006）

Marunouchi Yaesu Building

装飾性を抑えたモダンな白い壁と
重厚な粗石積みの壁とのコントラストが異彩を放つ

丸の内八重洲ビルヂング

小松石の粗石積みによる重厚な1階玄関部

　明治22年に三菱の2代目総帥岩崎彌之助が、陸軍省の用地の払い下げで手に入れた丸の内一帯の地所は、当初は「三菱ヶ原」と呼ばれ、雑草が広がる野原だった。明治27年、南側の馬場先門通り沿いにジョサイア・コンドル設計による三菱一号館が建設されると、周辺には三菱二号館や東京商工会議所といった煉瓦造のオフィスビルが建ち並び、明治の終わりにはその一画が「一丁ロンドン」と呼ばれるまでになった。

　大正3年に東京駅が開業すると、丸の内は東京の表玄関に接するビジネスの中心街として開発が始まり、東京海上ビル、日本郵船ビル、そして丸ビルと鉄筋コンクリート造の高層ビルが次々と建設され、今度は「一丁ニューヨーク」と呼ばれる街区が出現した。三菱地所経営の貸事務所としてその一画に建設されたこの建物は、藤村朗の設計による。藤村は東京帝国大学建築学科卒業後に三菱地所に入社し、技師長だった桜井小太郎設計の三菱銀行本店や丸ノ内ビルディング建設にも従事し、のちに三菱地所社長に就任した。

　建物は角部に塔屋を頂いたシンプルな3層構成の意匠をまとっていた。3階から上階が装飾性を抑えたモダンな白い壁面なのに対して、1、2階外壁は小松石の重厚な粗石積みで構成されており、それが地に根付くような安定感を与えていた。戦後は進駐軍に接収され、八重洲ホテルとして使用された時期もあった。昭和50年頃に始まった丸の内の再開発でもしばらく残っていたが、三菱一号館の復元を含めた丸の内パークビルディングの計画によって取り壊されてしまった。この地に建てられた34階建ての新ビルの低層階には、丸の内八重洲ビルの粗石積みが再現されている。

シンプルな3層構成による
外観はモダンなイメージ

見事なアール・デコスタイルのエントランスホール天井

玄関天井部には細かな唐草模様が施されていた

吹き抜けの階段室

Looking Back 2006

近代建築の撮影を始めた頃、このビルの周辺にある日本工業倶楽部や明治生命館といった装飾性豊かな建物ばかりが目に入り、一見地味なこのビルの写真は全体の姿を1カットしか撮っていなかった。しかし、建築を学ぶにつれてこの建物の昭和初期のモダンなデザインのよさがわかってくると、自然にこのビルにカメラを向けることが多くなっていった。

三信ビルの全景。細長い敷地に建つ姿はまるで船舶を想わせた

Sanshin Building

近代建築で最も美しいエレベーターホールと
夜の森をイメージしたアーチ天井のアーケード

三信ビル

Architect Data
所在地：東京都千代田区有楽町
設計：横河工務所（松井貴太郎）
施工：大林組
竣工年：昭和4年（1929）
解体年：平成19年（2007）

　三菱の城下町というべき丸の内に隣接する日比
谷の一画には、三菱に並ぶ大財閥である三井が経
営する三信ビルと日比谷三井ビルディングがあっ
た。どちらも現在は取り壊され、跡地には「東京
ミッドタウン日比谷」が完成した。三信ビルは戦
前のオフィスビルとして人気が高い建物だった。
その理由は、1階と2階を占めるショッピング・アー
ケードの存在にあった。東西に細長い96mのフ
ロアを美しい交差ヴォールト天井が連なったアー
ケードが貫通しており、有楽町駅から日比谷通り
に向かうときは、隣の歩道よりも断然こっちのアー
ケードを通りたくなるほど素晴らしい空間だった。
　アーチ天井が並ぶこの歩廊は「夜の森」をイメー
ジしてつくられたといわれ、建設当初はこのドー
ム天井内それぞれに、天体黄道12星座がガラス
モザイクで描かれていたという。2階回廊に接し

たアーチの付け根の両脇には、木の実をくわえた
鳥の彫刻が置かれていた。設計を担当した松井貴
太郎は、柱が木の幹で天井に向けて3方向に広が
るアーチが枝葉、そしてその下で羽を休める鳥と
いう構図を意識して、この空間をつくり上げたので
はないだろうか。1階通路の中間には半円形の放
射状に5基の扉が並んだエレベーターホールがあっ
たが、それは、私がこれまで見てきた近代建築の
なかで最も美しいエレベーターホールだった。
　関東大震災後の建築ということで基礎も強固に
つくられていた。のちに三信ビルの周りの車道が
地盤沈下で1mほど低くなったが、三信ビルに影
響はなく、ビルに出入りするための階段が設置さ
れた。平成17年1月に所有者の三井不動産が老朽
化による取り壊しを発表。保存運動が大規模に行
われたが実を結ばず、平成19年に取り壊された。

1階と2階は美しい交差
ヴォールト天井が連なった
アーケードになっていた

1階のテナント店舗。上部はステンドグラスの欄間になっていた

Looking Back 1995

三信ビルのアーケードは、いま思い出しても素晴らしいものだった。トラバーチンの床に響く足音、教会のような連続した背の高いアーチ天井が、まるでアメリカのショッピング・モールのような異空間を感じさせた。なんとなく空間の匂いも違っていて、このアーケードが放つ大人びたエレガントな雰囲気のなかに身を置くことが、とても心地よかったのを覚えている。

2階天井アーチの付け根にある鳥の彫刻

間接照明に浮かび上がるアーチ梁の装飾

1階アーケードの中央にあったエレベーターホール

アーチに収められた大理石が美しいエレベーターの装飾

Architect Data

所在地：東京都中央区銀座
設計：徳永庸
施工：清水組
竣工年：昭和6年（1931）
解体年：平成15年（2003）

Ginza Tohoseimei Building

古典主義らしい堂々とした存在感を放つ
ギリシア柱が並ぶ神殿風の外観

銀座東邦生命ビル

　その会社の信用というものを顧客に視覚で納得させるひとつの方法として、本社屋を重厚な古典主義のスタイルで建てるという手法がある。これはとくに昭和初期の銀行や保険会社といった金融関連の会社に多く見られた。ビルの正面にギリシア柱を並べて神殿風の外観にすることで、そのおごそかな雰囲気が醸し出す印象によって、この会社なら大丈夫だろうと顧客を安心させるわけだ。

　古典主義はもともと19世紀後半からアメリカの金融関係のビルで流行し、その形は「新古典主義様式」といわれた。日本における代表的な建物としては明治生命館が挙げられるが、銀座東邦生命ビルも古典主義の堂々たる外観を誇っていた。

　建物正面には重厚なオーダーが6本並び、柱頭飾りは古代ギリシア時代から続いてきたコリント式で、装飾されたアカンサス（地中海ハアザミ）の葉の彫りも深く精巧につくられていた。このビルは第一徴兵保険会社本社として建てられたが、戦後、徴兵がなくなったため、東邦生命に名称が変わった。左半分は銀行が使用しており、そちらは改装されて往時のインテリアは見る影もなかったが、東邦生命側のエントランスホールは、コファリング（八角形窪み）の天井装飾が一面に広がる素晴らしい空間が残されていた。

　銀座の表通りではなく、道を数本入った幅の狭い道路に面していたので、建物全体を見渡す写真は撮れなかったが、見上げたときのパースペクティブ（遠近感）によって迫力がせまってきて驚いたものだった。しかし、いつの間にか重厚なオーダーやライオンの顔が刻まれたコーニスに落下防止のネットが張られ、そのネットは二度と取り外されることなく建物はひっそりと消えていった。

コリント式のオーダーが重厚な古典主義の外観

天上のコファリングと対になったイオニア式オーダーが飾る重厚なエントランスホール

Looking Back 1993

この〝銀座の神殿〟は、建物の規模が小さかったため、6本のオーダーのコリント式の大きめの柱頭飾りがとても目立っていた。その柱頭飾りは彫りも深く精巧につくられており、ひとつの石塊から石工がこれを彫り出すのにかかる日数を考えるだけでも、なんと贅沢なビルなのかと感嘆せずにいられなかった。

Kojun Building

本場イギリスにも引けを取らない
倶楽部建築の集大成ともいうべき名建築

交詢ビル

Architect Data

所在地：東京都中央区銀座

設計：横河工務所（横河時介）

施工：清水組

竣工年：昭和4年（1929）

解体年：平成14年（2002）

正面玄関の張り出し窓
の装飾。チューダーに
アール・デコを折衷し
てある

側面外壁。連続した曲面の張り出し部分は撞球（ビリヤード）室

　明治13年に福沢諭吉が提唱して結成された、慶應義塾のOBを中心とした日本最初の実業家社交機関が交詢社である。その名は「知識ヲ交換シ世務ヲ諮詢スル」という設立趣旨に由来する。

　先代の施設が関東大震災で全壊したことにより、2代目の本拠地として建設されたこのビルを設計したのは、東京帝国大学建築科出身の横河民輔が率いる横河工務所。担当したのは民輔の長男である時介だった。建物は壁面全体を茶色のタイルで覆ったロマネスク風の中世様式で、正面玄関にある大きな張り出し窓には、アール・デコの要素が見られた。3階の交詢社のメインフロアにある各部屋はイギリスの中世様式を基調とし、ガラス天井のロビーを中心に談話室、大食堂、バー、ビリヤード室が配置されていた。

　中庭と呼ばれたロビーには、大ぶりの三角トラスで支えられたトップライトから陽光が降り注ぎ、その光を壁の石材が拡散してフロア全体を明るく満たしていた。2層分の天井高のある談話室には、チューダー様式の繊細な木造パネルの装飾が設えられており、部屋の中心に鎮座するジャコビアン様式の重厚な暖炉が醸し出す落ち着いた雰囲気は、本場イギリスの倶楽部にも引けを取らない素晴らしいものだった。

　日本工業倶楽部や東京銀行協会など豊潤な倶楽部建築を得意とした横河工務所。その集大成ともいうべき交詢ビルは、昭和初期における様式建築の到達点を示す建築であった。だからこそ失われたのが本当に惜しまれる。

　現在は地上10階建てのビルに建て替えられて、ビル正面には往時の玄関部分のファサードが組み込まれて保存されている。ビルの最上部が交詢社のフロアになっており、かつての部材を再利用して往時の空間を再現しているという。

中庭と呼ばれていたロビー。ガラス
天井から陽光が降り注ぎ、壁面の
千歳石がその光を拡散している

Looking Back 2000

交詢社の中庭と呼ばれるロビーには主がいた。階段親柱の上で口を開いている怪鳥（？）である。ゴシック建築の聖堂のあちらこちらに、怪物の彫刻を取り付ける「ガーゴイル」というのがあるが、これもその類になるのであろうか。内装全体は上質な英国中世様式で仕上げてあったが、ポイントでこのような遊び心を発揮しているところからも、横河時介の洒脱なセンスが伝わってきた。

ロビー階段の親柱に載せられたガーゴイル

パターン状の装飾が美しい談話室の天井

談話室は2層分の高さがある開放的な空間だった

談話室の暖炉は英国中世のジャコビアン様式の重厚な表情を湛えていた

Nitta Building

Architect Data
所在地：東京都中央区銀座
設計：木子七郎
施工：直営
竣工年：昭和5年（1930）
解体年：平成18年（2006）

スクラッチタイルに連続する小アーチ
昭和初期に流行した中世ロマネスク様式の秀作

ニッタビル

アーチが並ぶ1階部分。2階窓枠の装飾が古めかしく、まるで遺跡のようだった

新田帯革製造所は、愛媛県松山出身の新田長次郎が大阪に起業した会社で、明治21年に工業用の伝動用革ベルトを開発した。当時のわが国の主力産業は紡績だったが、ニッタのベルトは多くの紡績会社で採用され、日本の近代産業の振興に大いに貢献したという。

同社の東京出張所として建設されたニッタビルは、壁一面を覆うスクラッチタイルに小アーチが連続するロンバルディア帯の軒飾り、凝った窓枠の装飾が印象的だった。この建物が建てられた昭和初期、中世のロマネスク様式が流行っており、その佳作ともいうべき出来栄えだった。

設計を担当した木子七郎は、宮内省内匠寮の技師であった木子清敬の四男として明治17年に京都に生まれた。兄の幸三郎も片山東熊のもとで赤坂離宮を建設するなど、木子家はまさに建築界の

エリート一家だった。七郎は新田長次郎の女婿だったということで、東京や西宮市の新田家の邸宅、長次郎の故郷の松山市の県庁舎や旧藩主の迎賓館である萬翠荘なども手がけている。

この建物を初めて訪れた際、まるで街中にひっそりと潜む隠者のような印象を受けた。この仄暗さはロマネスク特有のものかもしれないが、かなり前から壁面全体にはネットが張られていて、風化して崩れた窓枠の装飾などを見るにつけ、建物の寿命としてはもはや限界がきていると感じていたのも事実だった。

いよいよ取り壊されると聞いて現地に赴いた際、ちょうど大学関係者の調査や写真記録が行われていたため、それに交じって、連続するアーチ窓が美しい営業室などを撮影させてもらえたのは幸運だった。

正面角部はロンバルディア帯の
軒飾りが重厚なロマネスク様式

031

Looking Back 2006

老朽化によってそろそろ危ない
のではないかと思っていたとこ
ろ、いよいよニッタビルが取り
壊されると知り、私は現地に
足を運んだ。そこには偶然に
も写真学校時代の先生がいらっ
しゃってこのビルの記録をして
いたため、一緒に館内の撮影を
させていただくことができた。
大きなアーチ窓が並ぶ営業室に
は何もなくなっていたが、ある
意味、完成直後の姿と同じ貴重
なカットが記録できた。

連なるアーチが美しい営業室

Shokuryo Building

Architect Data
所在地：東京都江東区佐賀
設計：渡辺虎一
施工：中島組
竣工年：昭和2年（1927）
解体年：平成15年（2003）

アーケードに囲まれた開放感ある中庭
晩年はアートの発信地としても注目されていた

食糧ビルディング

　江戸時代の深川は米蔵が並ぶ米穀問屋の一大中心地で、明治以降も深川正米市場として全国の米価を左右するほどの活況を呈していた。関東大震災で市場の木造施設が焼失したため、東京廻米問屋市場の施設として鉄筋コンクリート造で建設されたのがこの食糧ビルディングだった。

　建物の内側には正方形の大きな中庭があり、その中庭を事務所の入ったビルの壁が四方から囲むような形の建物だった。戦前はこの中庭で米の取引が行われ、1階、2階には仲卸業者や全国の生産地の代表事務所が入り、3階は業者共有のサロンとして、講堂やビリヤード室、応接室があったという。昭和16年に食糧配給制度が実施されると、ここでの米取引も廃止になり、戦後は江東食糧販売協同組合の所有となって、地元の食糧関連会社のオフィスが多く入居していた。

　ビルの南北には中庭に通り抜けができる同じ形の玄関があり、アーチ窓を多用したそのスクエアな外観は独特の存在感を放ちながらも下町の風情に溶け込み、近隣の人たちに親しまれていた。

　このビルが広く知られるようになったきっかけは、昭和58年に営業を開始したアートギャラリー「佐賀町エキビット・スペース」の存在である。現代アートの発信地として多くのアーティストがここで展覧会を行っており、古い建物を活用する好例としての注目度も高く、多方面からの評価を集めることになった。

　解体直前の平成14年12月には、「エモーショナル・サイト」というビル全体のフロアを使用した最後の展覧会が行われ、この建物に愛着を抱く多くのファンが集まり、食糧ビルディングとの別れを惜しんでいた。

食糧ビル玄関部分。建物の南北に玄関があり、中庭に通り抜けができた

このビルの魅力はなんといっても内側のパティオ（中庭）だった。アーチ窓とアーケードに囲まれたこの空間には、周囲の風景から隔絶された近代建築ならではのゆとりがあった。講堂の演壇側を飾る真っ白なアーチには稲の花の彫刻が連続的に装飾され、階段の手すりも人研ぎ（人造大理石研ぎ出し）によって丁寧につくられており、職人の技を手で触れながら感じることができた。

戦前まで米の取引が行われていた中庭

大和生命ビル全景。シャープな列柱が壁面を引き締めていた

Yamato Seimei Building

歴史主義とモダニズムの要素が融合した
印象的なシャープなファサード

大和生命ビル

Architect Data
所在地：愛知県名古屋市中区錦
設計：横河工務所（横河時介）
施工：清水組
竣工年：昭和14年（1939）
解体年：平成16年（2004）

本書には横河工務所が設計した建物が数件登場するが、それだけ横河工務所が多くの大型オフィスビルを手がけ、それらが再開発の波に押し流され解体されているということでもある。名古屋市の金融街である広小路通沿いに、当初は日本徴兵保険名古屋支店として建設された大和生命ビルは、横河工務所が設計した名古屋を代表するオフィスビルだった。建設された昭和14年は戦時統制が始まる直前であり、これ以降は戦局の悪化によってこのような大規模なビルは建設できなくなった。

角の壁面が大きくカーブを描き、一見するとシンプルな外観でモダニズム様式に見えなくもない。しかし、ディテールを子細に眺めると1階部分は軒に装飾が刻まれた石張りで、窓の間にリズミカルに並ぶ柱型にはフルーティング（縦溝）がうっすらと彫られ、玄関部分にはやや濃いめの古

典主義によるフレームがさりげなく収めてある。これは歴史主義からモダニズムへの過渡期となった昭和初期に出現した、それぞれの様式の表情を重ね合わせたデザインといえる。

この頃のクラシックやゴシックといった歴史主義建築は、アール・デコなどのモダンデザインと融合してすっきりと端正な表現になっている。横河時介が昭和4年に設計した交詢ビルもそうだったが、さらに年を経たこの建物はよりモダニズムの要素が強くなりながらも、壁面を垂直に走る柱型に古典主義の威厳がのぞく。時介はのちに、このビルを設計する際、「図面を引くのが楽しくてしかたがなかった」と語っているが、古今のさまざまな造形言語を自由に取り出して創造を楽しんだのだろう。大和生命ビルのシャープで張りのあるファサードには、その成果が色濃く表れていた。

頂部飾り（アクロテリオン）が目を引いた玄関部分

Looking Back 1994

このビルを撮影した平成6年
に、広小路通沿いに並んでいた
近代建築ビルをひと通り撮影し
た。あれから30年が経ち、大
和生命ビルはなくなったが、旧

名古屋銀行本店（現・三菱UFJ
銀行貨幣・浮世絵ミュージア
ム）や旧三井銀行名古屋支店
（現・三井住友銀行）が保全さ
れており、名古屋は見所が多い。

Daiichi Bank Kyoto Branch

明治の建築界に君臨した辰野金吾による
煉瓦と石材が華やかな銀行建築

第一銀行京都支店

Architect Data
所在地：京都府京都市中京区烏丸通三条南西角
設計：辰野葛西事務所
施工：清水組
竣工年：明治39年（1906）
解体年：平成11年（1999）

　京都の金融街として明治まで栄えた三条通と、京都駅開業による街路拡幅で駅正面の大通りとなった烏丸通が交わる角地。この一等地に建設されたのが、近代日本の資本主義のリーダーである渋沢栄一が創設した第一銀行（現みずほ銀行）の京都支店である。大手銀行にふさわしい立地と、それに見合う重厚な煉瓦造の建物は、明治の建築界に君臨していた辰野金吾の設計による。

　建物は辰野が得意とした煉瓦と石材によるにぎやかなフリー・クラシックスタイル。大正8年に辰野の教え子で清水組の技師長であった田辺淳吉が、烏丸通側玄関の左側の増築を手がけたことで、さらにまとまりのある姿になった。

　平成10年に第一勧業銀行（当時）は、老朽化と耐震性を理由に取り壊して再建する計画を発表した。これまでも経済効果によるビルの高層化の

ために古い建造物を取り壊し、ものによってはその低層部にかつての旧建築のファサードを巻き付けるというものはあった。しかし、この計画は同じ建造物を新しい建材で再現するという〝レプリカ建築〟であり、ただ同じ建物をそっくりにつくり替えるという発想に、唖然とさせられた建築関係者も多かった。

　辰野金吾の現存作品といえば重要文化財指定があたりまえで、その意識は25年前でも同じだったはずだ。しかし、日本建築学会の保存要望書も効果なく、建物は取り壊された。現在は、見た目にはかつてと同じだが真新しくピカピカした〝辰野建築〟が建っているが、どうも落ち着きのない佇まいだ。建て替えなどせずとも、基礎の免震工事でも施せば保存は可能だったと思うのだが、ただただ残念である。

第一銀行京都支店全景。現在はこの建物のレプリカが建っている

Looking Back 1995

著名な近代建築の撮影は1回では済まず、さらによい表情を求めて季節や時間帯を変えて何度も出向くことになる。この建物の前には幾度となく立ってカメラを向けたが、全体写真は春先に撮ったものがベストとなった。芽吹いたばかりの街路樹の葉を輝かせる、柔らかい光が建物全体を包み込んでいた。

第一勧業銀行京都支店

烏丸通側玄関を見上げる

Daibiru Honkan

商都大阪らしい派手な佇まいの
1階部分に集中する装飾過多な彫刻群

ダイビル本館

Architect Data
所在地：大阪府大阪市北区中之島
設計：渡辺節
施工：大林組
竣工年：大正14年（1925）
解体年：平成21年（2009）

玄関に集中しているにぎやかな装飾の彫刻は、帝国美術院展覧会で活躍した大阪出身の大国貞蔵の手による

大阪、東京に多くのオフィスビルを持ち、賃貸借や管理を行うダイビル株式会社は、大正12年に在阪の有力企業である大阪商船、宇治川電気、日本電力の3社共同出資によって設立された株式会社大阪ビルヂングをルーツとする。そのダイビルが商都大阪にふさわしい大規模なオフィスビルの建設を計画。そうして大正14年に中之島に完成したのが、地上8階・地下1階、延床面積9,750坪にも及ぶ巨大な大阪ビルヂング本館だった。

　設計は大阪を中心に活躍した渡辺節が担当。彼はアメリカの視察を通じて大型ビル建設の合理的なプロセスを身につけており、国産建材の多用や吊足場の使用による工期短縮を実現し、工費予算300万円のところを200万円で完成させたという。

　全面に褐色のタイルが張られ、各階の窓割りも均一で一見すると装飾の要素がまるでない端正な外観に感じられるが、ビルに近づくにつれて1階に集中した装飾が目に飛び込んできた。軒廻りピラスターや玄関部分にはロマネスク風の濃厚な装飾がにぎやかに飾られていた。奔放で装飾過多の彫刻群や宮殿のようなエントランスホールの照明など、派手さで人の目を引く演出が、いかにも商都大阪のビル建築らしい。大阪で活躍した渡辺は地域性をよく理解し、この地ならではの豊潤で粋な建築を設計したのであろう。

　玄関装飾を通り抜けて館内に足を踏み入れると、2階まで吹き抜けのエントランスホールがあり、見上げると格天井に仕切られた石膏による装飾過多な照明群が頭上を覆っていた。こうした大阪建築の楽天性を表す派手さが感じられる建物としては、いまはない阪急梅田駅のヴォールト天井のコンコースもあった。

ダイビル本館の全景。現在は高層化され、ファサード保存でかつての姿を再現している

エントランスホールの2階両脇にはエレベーターが並んでいた

Looking Back 1996

大阪の近代建築はどれも個性的で、訪れるのが楽しかった。商人の街らしく、人目を引く装飾過多の建築が多いのだが、見る側にもそれに喝采を送っている雰囲気があった。そんな大阪建築の代表ともいうべきダイビル本館の正面玄関にはりついているコテコテの彫刻群（P.40）には、東京ではまずお目にかからない過剰さがあり、そこに大阪人のサービス精神が感じられた。

1階エントランスへの通路の上部装飾には大国貞蔵による鳩と少女の彫像が

吹き抜けのエントランスホールを見上げる

4本のオーダーが並ぶ新古典主義による重厚な外観

Architect Data
所在地：兵庫県神戸市中央区栄町通
設計：吉武長一
施工：大阪橋本組
竣工年：大正9年（1920）
解体年：平成7年（1995）

Murai Bank Kobe Branch

アンバランスさのなかに重厚感が漂う
アメリカ仕込みの新古典主義建築

村井銀行神戸支店

「サンライズ」や「ピンヘッド」といった紙巻き煙草を日本で最初に製造販売して成功した村井吉兵衛は、日本政府が日露戦争の戦費捻出の一環として煙草の専売化をしたときに、莫大な補償金を受け取った。その資金をもとに設立したのが村井銀行であり、東京・日本橋のたもとに本店を建設して支店を全国に広げていった。

村井銀行の本店や各店舗を設計したのが、アメリカで建築を学んだ吉武長一という人物だった。村井財閥の建築顧問を務めていた吉武は、銀行建築にふさわしいアメリカ仕込みの新古典主義様式でこの神戸支店を設計。敷地の制限によって建物が縦に間延びしているアンバランス感があるのは否めないが、それでもこの重厚感は素晴らしい。イオニア式オーダーも堂々としており、大正から昭和にかけて建設された新古典主義による銀行建築の好例といえる建物だった。

村井銀行は昭和恐慌のあおりを受けて倒産し、戦後このビルのオーナーは日産汽船に変わり、長らく「日産ビル」として親しまれてきた。このビルの解体年である平成7年は、阪神・淡路大震災が発生した年。この建物も被災したのである。村井銀行があった栄町通には戦前からの銀行建築が多く並んでいたが、その大半が地震によって消滅してしまった。

地震当日に被災現場の様子を空撮した映像をテレビで見たが、そこには建物の上半分がすっかり崩れ落ちた旧村井銀行の姿があった。歴史ある建物が一瞬にして破壊されてしまったあの衝撃は、いまでも忘れることができない。

構造は鉄筋コンクリート製で、6階建ては当時としてはかなりの高層建築だった

Looking Back 1993

大手銀行の支店が建ち並ぶこの通りを訪れた私の前に、まるで鎧をまとったかのような重厚な姿で屹立するこのビルが突如現れた。古典主義のアクを十分すぎるほどふりまくその表情に、現在なのか過去なのか、頭の中で時空感覚がおかしくなるようなインパクトを感じたのを鮮明に覚えている。

Mitsui Bank Kobe Branch

近代建築史上最も美しい列柱が並ぶ
イタリア・ルネサンス様式の建物

三井銀行神戸支店

Architect Data
所在地：兵庫県神戸市中央区栄町通
設計：長野宇平治
施工：竹中工務店
竣工年：大正5年（1916）
解体年：平成7年（1995）

　この銀行建築も長らく神戸の栄町通をその優美な姿で彩っていた。建物左右に見られる石の深い横目地や、屋上の角張ったくり形のパラペット、そして中央に並ぶ6本のイオニア式の列柱など、その外観はイタリア・ルネサンス様式そのもの。

　この柱はなんと高さが11mもある一本の御影石で、瀬戸内海の岡山県笠岡諸島にある北木島で産出されたという。この島はかつて大阪城の石垣用の巨石を切り出すなど昔から花崗岩の産地として知られており、北木島で切り出された白く輝く滑らかな石の肌合いを持つこの列柱は、日本の近代建築史上最も美しい列柱ともいわれていた。

　設計した長野宇平治は東京帝国大学建築科の出身で、教授である辰野金吾が設計した各地の日本銀行支店の実施設計を手伝ったのちに独立。その最初の作品がこの三井銀行神戸支店だった。古典主義建築の第一人者だった長野は、ヨーロッパから高価な文献を取り寄せて学習に励み、その後も生涯にわたり各地に壮麗な古典主義による銀行建築をいくつも設計した。しかし、晩年にはその古典主義をつきぬけて、そのルーツであるプレ・ヘレニック様式（古代ギリシア以前の様式で、柱のエンタシスが逆に裾細りになっている）というクレタ・ミケーネ文明の建築様式に傾倒し、横浜に「旧大倉精神文化研究所」（昭和7年）という怪作を残している。

　この建物も阪神・淡路大震災で崩壊してしまった。神戸では山手地区の異人館も被害を受けたが、木造建築は軽量なため煉瓦の煙突が折れて落ちる程度の被害で済んだものも多かった。しかし、全身を石に包まれた銀行建築はひとたまりもなく、あの優美な柱は粉々になってしまった。

長野宇平治が設計した優美なイタリア・ルネサンス様式の銀行建築

この建物の列柱は本当に美し
かった。御影石の一本ものでつ
なぎ目がないため、その滑らか
な石の肌合い、官能的なエンタ
シスのふくらみなど、たとえる
ならば女性の立ち姿にも似た優
美さを湛えていた。柱の表面に
浮き出たガラス質の粒が、冬の
穏やかな陽光を浴びてキラキラ
輝く様子は、まるで宝石のよう
に美しく、地震で失われたのが
いまも惜しまれる。

第一勧業銀行

第一勧業銀行

あなたがいる。

ハート

官能的に美しい一本もののオーダー。もう二度と見られないのが誠に残念

建築用語の基礎知識①
Basic knowledge of architectural term

ア行

アール・デコ

ヨーロッパや主にニューヨークを中心とするアメリカで、1910年代半ばから1930年代にかけて起こった芸術革新運動。きっかけは1925年に開催されたパリ万国装飾美術博覧会で、この博覧会の略称「アール・デコ博」にちなんでこう呼ばれるようになった。19世紀末に流行した「アール・ヌーヴォー」の凝りすぎた装飾に代わり、幾何学図形をモチーフにした簡潔で合理的な表現が特徴で、エンパイアステートビルなどが有名。

アール・ヌーヴォー

19世紀末から20世紀にかけてヨーロッパを中心に流行した国際的な美術運動のことで、フランス語で「新しい芸術（art nouveau）」を意味する。花や植物などの有機的なモチーフや、うねるような曲線の組み合わせによって従来の様式にとらわれない装飾性を表現するのが特徴。ガウディなどの建築をはじめ、エミール・ガレのガラス工芸品、そしてグラフィックデザインなど、さまざまな分野で応用された。

ヴォールト天井

アーチの断面を平行に押し出した、いわゆる〝かまぼこ形〟の天井様式、建築構造の総称。広い空間を少ない柱で支えることができる構造であり、引張強度の小さい石材などで構成するのにも適している。筒型ヴォールト、交差ヴォールト、リブ・ヴォールトなどの種類がある。

オーダー

ギリシア、ローマなど古典主義建築の基本単位となる円柱とその上部の梁との関係を規定する構成法のこと。それぞれの形式、装飾、プロポーションなどによってドリス式、イオニア式、コリント式など、さまざまな様式が規定される。英語では「order」。

親柱（おやばしら）

階段の始まり部分や折り返し部分に立つ、手すりを支える太い柱状の部材のこと。強度的にはどんな階段にも必ずしも必要というわけではないが、手すりを装飾的に見せるという意味でも、この親柱の柱頭部分を彫刻で仕上げることで存在感を高める効果は少なくない。

カ行 （P.80に続く）

唐破風（からはふ）

神社建築や城郭建築、近世の寺院などに多く見られる日本特有の破風形式で、中央部が凸型で両端部が凹型の曲線状になった破風板が付けられる。役所や邸宅の玄関や式台に屋根装飾として設けられることも多い。ちなみに、破風とは切妻造や入母屋造の妻側にある三角形の部分のこと。

切妻屋根（きりづまやね）

屋根の頂点にあたる大棟から両側の地上に向かって、2つの傾斜面を葺き下ろす屋根形状のこと。四角い建物の上に本を伏せたようなかっこうで三角形の屋根が載る切妻屋根は、2面だけで屋根を構成することができるので、ローコストで雨や積雪に対して強いというメリットがある。

クーポラ

イタリア語の「クーポラ（cupola）」とは、教会建築などに見られる半球形につくられた丸天井、丸屋根のこと。英語では「ドーム（dome）」と呼ばれる。

玄関ポーチ

建物の玄関の外側に突き出た、庇のある入り口空間や車寄せのこと。玄関ポーチの形状や装飾に凝ることによって建物全体に変化が生まれ、それがアクセントになっている建築も多い。

第2章
邸宅・集合住宅・商店

Houses, Condominiums, Stores

同潤会青山アパート

Architect Data
所在地：東京都品川区東五反田
設計：清水組
施工：清水組
竣工年：昭和8年（1933）
解体年：平成15年（2003）

Shoda House

保存をめぐって世間の注目を集めた
昭和初期の郊外型住宅の傑作

正田邸

　平成14年の秋頃、都内にあるひとつの建物が世間の注目を集めていた。上皇后のご実家で、日清製粉のオーナー家である正田家の邸宅が相続税対策で物納されており、この邸宅の行く末をめぐって物議を醸していたのだった。国としては更地にして売却したい。洋館ファンは昭和初期の中流住宅の傑作として残したい。〝昭和のシンデレラ〟がこの家から嫁いでいく姿を目にしていた世間も、やはり残してほしい。そんなさまざまな思惑がこの屋敷の前で入り乱れている様子を、テレビのニュースやワイドショーが連日取り上げていたのだ。

　正田邸は清水組（現・清水建設）によって建てられた郊外型住宅のひとつである。昭和初期、大手建設会社は一般に向けた住宅の設計・販売を行っており、同社の住宅建築図集にも正田邸の竣工写真が載っている。それによると正田邸は「英国風」と紹介されている。確かに壁にハーフティンバーが取り付けてあるが、その部分は左側の2階のほうである。実は玄関側の平屋はのちの増築であって、本来の姿はもっと小規模な建物だったのだ。増築がうまくつながっているのに加え、屋根の複雑な重なりや屋根窓などが、この建物の洋館らしさを演出していた。

　正田邸を撮影したときも、建物の周囲をあふれんばかりの人が取り巻いており、その整理に警察官も出動しているほどだった。市民による4万名の署名や、軽井沢町町長が移築保存に名乗りを上げるなど保存運動が加熱していくなか、「保存を望む人々の気持ちを本当にありがたく思うが、実家を残してほしいとは思わない」という上皇后のお気持ちが、その熱を一瞬にして鎮めた。現在、正田邸の跡地は公園になっている。

正田邸全景。手前の玄関側はあとからの増築である

ハーフティンバースタイル
の外観。この2階部分は
当初からあった建物

Looking Back 2002

私は人物をなるべく入れない
で、建築のみを写真に収めるよ
うにしている。人間はやはり人
間に関心があるため、建築写真
の中に人が入っているとまずそ

こに目が留まるからだ。正田邸
の撮影時にも多くの見学者がい
たが、人々が建物の前からいな
くなる瞬間を狙って、逃さずに
シャッターを切った。

Aboukyu

和洋折衷のモダンな外観と
贅を尽くした圧巻の内装

阿房宮

Architect Data
所在地：岐阜県関市池尻
設計：不詳
施工：不詳
竣工年：大正11年（1922）
解体年：平成18年頃（2006）

テラスの欄間には葡萄を描いたステンドグラスが嵌め込まれていた

阿房宮全景。日本屋根が載せられているが、壁面のモザイクタイルがモダンな和洋折衷様式

「阿房宮」とは秦の始皇帝が建設させた広大な宮殿の名前で、この名を冠した館を建てたのは後藤恕作という明治の実業家である。兵庫県播磨出身の彼は、明治8年に清国公使であった森有礼に伴って北京に渡り、そこで毛織物の染色技術を学んで帰国。明治13年に民間で最初の毛織物工場を東京・大井町に創設した。

洋服の生地である毛織物は洋装の普及によって需要が伸び始め、明治の中頃には後藤毛織製造所は大きく発展した。その後は不況により羊毛製品価格が暴落するも、日露戦争期には再び業績を躍進させるなど経営には浮き沈みがあったが、工場の売却や他社との合併を繰り返しながらも、後藤の存命中は会社は存続していた。

後藤は大正2年に岐阜県大垣市に大規模な工場を建設。岐阜に拠点を移した頃にいくつかの別邸を建設しているのだが、そのひとつがこの阿房宮である。阿房宮という名には、中国で技術を学び、そして立身した後藤の中国への敬意が込められているのであろう。この建物は岐阜市金華山下の長良川沿いに建てられたが、後藤の死後は長良川ホテルの所有を経て、三転して関市にある料亭旅館の手に渡って現地に移築された。

日本屋根を載せ外壁にタイルを張った和洋折衷の外観、館内のすべての部屋は和装で、各部屋の欄間や襖には福田柏齢の筆による日本画が飾られており、その贅を尽くした内装が圧巻であった。とくに1階ホールの桜の間にある階段親柱に描かれた花鳥図の七宝勾欄は、繊細で見事な工芸品といえた。阿房宮を管理していた料亭旅館が平成14年に廃業すると、この文化財級の建物も放置されてしまい、残念ながら取り壊された。

Looking Back 1996

阿房宮を管理していた料亭旅館
に泊まって、館内の撮影をし
た。その日は終日雨だったが、
インテリアの撮影なのでとくに
支障はなかった。薄暗い部屋で
シャッターが切れるまでの1分
近い時間を待つあいだ、私はこ
の館が最も華やいでいた時代に
ひとり想いを馳せながら、じっ
と息を潜めて色褪せることのな
い美しさを放つ階段の七宝勾欄
（P.56）を凝視していた。

天井を金箔で覆った豪奢な大広間

桜の間にあった階段親柱の見事な七宝勾欄

弁柄色のかまぼこ形天井が鮮やかな2階ホール

1階和室。下がり壁の日本画や金箔張りの透かし欄間が部屋を囲んでいる

Haruta Bunka Shugo Jyutaku

近代住宅史上貴重な存在だった
中庭を囲むように並ぶ12の集合住宅

春田文化集合住宅

Architect Data
所在地：愛知県名古屋市東区主税町
設計：武田五一
施工：志水組 大林組
竣工年：昭和3年（1928）昭和7年（1932）
解体年：平成24年（2012）

スタッコ塗りの外壁の1階部分に張り出したベイ・ウインドウが瀟洒な洋風住宅

　陶磁器が地場産業の愛知県。その陶磁器を海外に輸出して財を成した実業家、春田鉄次郎。彼の屋敷は名古屋市の北東寄りに位置する東区の閑静な住宅街に残っている。大正14年に完成した和洋併設型の端正な住宅で、設計は京都帝国大学建築学科の主任教授だった武田五一が担当。現在はレストラン部分と一般公開部分が併存している。

　その春田邸の西隣には、中庭を囲むように12棟のモダンな佇まいの洋風集合住宅が並んでいた。鉄次郎がオーナーだったこの集合住宅の設計も、武田の手によるものだった。各住戸のデザインはすべて異なっており、完成当時はさながらモダン住宅の展示場といった感じだったのではないだろうか。建物は全体的に簡素なデザインだが、どの家にも洒落た出窓が付いており、玄関ポーチにも見られる装飾や、玄関側の平板なファサード、正面に見える切妻屋根など、現在の住宅に通じる様式が見て取れる。

　武田は東京帝国大学卒業後に欧州へ留学し、彼の地で勃興したアール・ヌーヴォーに出合った。この経験によって、これまでの意匠にとらわれない先端のデザインを自由に駆使した建築家となった。この集合住宅で、武田はきたるべき時代に「中産階級が暮らす器として相応しい家のかたち」をあれこれ試したのだろう。その意味でもこの文化住宅は、近代住宅史上貴重な存在だった。

　建設当時はアメリカ領事館副領事やドイツ人技師、裁判官、学者、弁護士などが住んでおり、いわゆる文化人のコミュニティを形成していたが、近年になると老朽化が進み、空き家のまま放置されている状態だった。現在、その跡地は結婚式場になっている。

Looking Back 2001

塀に囲まれた敷地に入って中庭
に立つと、かつてのモダン住宅
群が見渡せた。どの建物も老朽
化によって空き家となり静まり
返っていたが、しばらく建物の
窓や玄関を見つめていると、外
壁に塗られたペンキの色も鮮や
かな、春田鉄次郎の小さな理想
郷であった頃の様子が目に浮か
んでくるようだった。

全体に簡素な仕上げだが、ポーチの
基壇にナップド・フリントという小石埋
め込みの装飾がポイントとなっていた

Architect Data
所在地：中華人民共和国遼寧省大連市
設計：満鉄建築課
施工：不詳
竣工年：大正〜昭和初期（1920-1930）
解体年：不詳

Employees Company Housing Of Mantetsu

南満州鉄道の社員が暮らした
屋根破風にハーフティンバーを持つ住宅

満鉄社員住宅

　19世紀末期、満州の支配を目論む帝政ロシアは、日清戦争後の三国干渉の見返りとして清朝から満州の鉄道敷設権を獲得した。すでに完成していたシベリア鉄道からの支線として満洲北部を横切る線路を敷設し、その中間にあるハルビンから南下する遼東半島南端の大連、旅順に至る鉄道網を整備。線路の周辺や駅がある街を、鉄道付属地として自国の管理下に置いた。

　明治37年の日露戦争でロシアに勝利した日本は、東清鉄道南満州支線の中間にある長春以南を獲得し、それを運営する組織として南満洲鉄道株式会社、通称「満鉄」を創設した。満鉄は鉄道の管理運用はもちろんのこと、港湾や炭鉱経営、病院や学校など公共施設の建設、インフラ整備なども行っており、満州に住む日本人にとって切っても切れない国策会社だった。

　日本は未完成だったロシアによる大連市の開発を引き継ぎ、本社を置いた満鉄は、1920年代に大連市の南にある南山麓の裾野に、満鉄社員の社員住宅として一戸建て洋風住宅の建設を始めた。設計にあたったのは横井謙介を中心とする満鉄建築課。すべての社宅の屋根破風に縦ラインのハーフティンバーが見られ、建物の構造は冬季の寒さを考慮して煉瓦造となっていた。

　1930年代になると、大連は「東洋のパリ」と呼ばれるほど、洋風建築が建ち並ぶ美しい街となった。しかし、敗戦後に日本人が引き揚げると、これらの住宅は中国人の共同住宅となってスラム化が進んだ。やがて中国の経済発展とともに、建物は次々と取り壊されていき、その跡地には満鉄社宅のイメージで新築した建物を建てて、〝日本式住宅〟として分譲しているところもあるという。

中国人の共同住宅として長年使用されてきた満鉄社宅群。壁の剥離など老朽化が目立つ

Looking Back 1999

日本が海外に建設した近代建築の宝庫「大連市」。その南の郊外にある満鉄社員住宅はスラム化し、砂ぼこりにかすんでいた。しかし、崩れた外壁の下から煉瓦壁がのぞくこれらの建物からは、大連市民が生活の場として使い切った〝リアリティ〟を感じることができた。大連に残る膨大な近代建築は、大連がたどってきた戦後の歳月を物語かに語っているようだった

取り壊しが進む満鉄社員住宅。1920年代後半に建てられた2戸で1棟になっている形式の住宅だった

Dojunkai Apartments

庶民の新しいライフスタイルを提示した
個性的な3つのアパートメント

同潤会アパートメント

きよすなどおり
〈清砂通アパート〉

Architect Data

所在地：東京都江東区白河、三好
設計：同潤会建設部建設課
施工：大林組
竣工年：昭和2年〜昭和4年(1927-1929)
解体年：平成14年（2002）

1号館階段室のアール・デコ様式の手すり飾りが優美なライン

1号館外観。中央の屋上には王冠のような塔屋があった

同潤会は、関東大震災後の被災者の住宅供給を目的に設立された内務省管轄の財団法人で、国内外から寄せられた義援金1,000万円を拠出して、震災の翌年に設立された。木造家屋の分譲住宅を20か所建設したほか、鉄筋コンクリートによる不燃化のアパートメントを東京に13地区、横浜に2地区建設。アパートだけで4,461戸を供給した。

このアパート群の設計の中心となったのが、同潤会の理事のひとりで東京帝国大学建築学科の教授だった内田祥三だ。彼は研究室の教え子たちの力を借りて、同潤会最初のアパートである中之郷アパート（大正14年完成）を皮切りに次々とアパートを建設した。都内に建てられた同潤会アパートの分布図を見ると、その多くは東側の下町に集中している。木造住宅が密集していたこの地区は震災の甚大な被害を受けていたからだ。

その下町地区の大規模な計画として完成したのが清砂通アパートだった。2地区に16棟の住棟、663戸という規模は同潤会アパートで最大だった。一方、街路樹に沿って住棟が並び、表参道の景観構成に寄与していた青山アパートは、主に中流階級のサラリーマンや大学教授、役人などが入居した高級アパートだった。大塚女子アパートは女性専用で、当時増え始めた働く女性が安心して都市生活を営むことを目的に建てられた。

アパートというひとつの建築の中に多くの人々が集って住むという、これまでになかったコミュニティを提供した同潤会。その新しいライフスタイルの考え方は市民に受け入れられて、都会的なアパート住まいは庶民の憧れの的となった。その夢や理想は、戦後の公団住宅や民間の集合住宅に引き継がれている。

表参道のケヤキ並木とアパートの外観がヨーロッパの街並みのようで素晴らしかった

〈青山アパート〉

Architect Data

所在地：東京都渋谷区神宮前
設計：同潤会建設部建設課
施工：神谷太一郎
竣工年：大正15年〜
　　　　昭和2年（1926−1927）
解体年：平成16年（2004）

階段踊り場にあった住戸のドア

階段室の装飾を施された親柱

住棟中央にある玄関と
吹き放ちの階段室

同潤会大塚女子アパート全景。スクラッチタイルが張られた外観が特徴で1棟のみ建設された

〈大塚女子アパート〉

Architect Data

所在地：東京都文京区大塚
設計：同潤会建設部建設課
施工：大阪橋本組
竣工年：昭和5年（1930）
解体年：平成15年（2003）

屋上サンルームにあったパーゴラ

Looking Back 1992

下町にあった同潤会アパートの
なかには、東京大空襲で内部が
全焼している住棟も少なくな
かった。清砂通アパートでも空
襲によって多くの住人が犠牲に
なったという。清砂通アパート
1号館には優雅なラインを描い
た螺旋階段があったが（P.62）、
そこの手すりに付いているはず
の笠木がなかった。木製だった
ので燃えてしまったのである。
昭和史を語る貴重な歴史遺産で
ある同潤会アパートメントだった
が、いまは1棟も残っていない。

抽象彫刻の円柱が支える大塚女子アパートの玄関ポーチ

4階建ての2号館外観

同潤会のアパート建設のノウハウが詰まった
時代の最先端を行くアパートメント

同潤会江戸川アパート

Architect Data
所在地：東京都新宿区新小川町
設計：同潤会建設部建設課
施工：銭高組
竣工年：昭和9年 (1934)
解体年：平成15年 (2003)

　アパートメントという、これまでになかった新
しい住まいの形を創出し提供した同潤会。その同
潤会が建設したアパートの集大成といわれるの
が、この江戸川アパートである。地上6階・地下
1階の1号館、4階建ての2号館が中庭を挟んで並
び、37タイプの間取りがあった世帯向け住戸が
126戸（全室洋間が7戸）、独身向けのワンルー
ムが131戸あり、世帯向け住戸には希望があれば

電話やラジオを引くこともできた。
　住民の共用施設として、1号館には食堂、社交
室、共同浴場、理髪室が設けられ、コミュニティ
の場となる中庭を遊具のある広い公園にするな
ど、設備や住環境の面で、同潤会がこれまでのア
パート建設で培ってきたノウハウが凝縮された、
最高峰のアパートだった。完成時に〝東洋一のア
パートメント〟といわれたのも、うなずける。時

ツタに覆われ始めた1号館全景

地下ボイラー室の換気
用煙突が伸びていた

代の先端を行くモダンなアパートには、大物政治家や大学教授、医者、建築家、作家など多くの著名人が入居したため、周辺からは〝文化人アパート〟と呼ばれていた。

一世を風靡した江戸川アパートも寄る年波には勝てなかった。地盤の不同沈下により1号館が傾き始め、住戸で使用できる電力は10アンペアまで、下水やガス管もぼろぼろと、住居としての耐久年数はとうに過ぎていた。江戸川アパートの再開発が決定すると、建築家や大学教授ら有志による「同潤会アパートを考える会」が結成されて、実測調査や一般の見学会が行われた。これまでアパート住人以外の立ち入りを許さなかったため、謎のベールに包まれていた同潤会江戸川アパートだったが、最後の最後になってその重い扉が開かれたわけである。

Looking Back 2003

同潤会江戸川アパートの解体を
控えた平成15年3月。研究者有
志による「同潤会アパートを考
える会」とデベロッパーである
旭化成の好意によって、江戸川
アパートの見学会が数回行わ
れ、私も足を踏み入れた。最も
驚愕したのは1号館46号室の洋
風住戸だった（P.75上）。建設
当初のインテリアがそのまま
残されており、壁紙やランプ
シェードなどオリジナルの貴重
なディテールに目を見張った。
見学会の会期中に撮影した800
カットもの写真は、いまでは貴
重な記録である。

中庭の桜と桃の花が満開となった春の光景

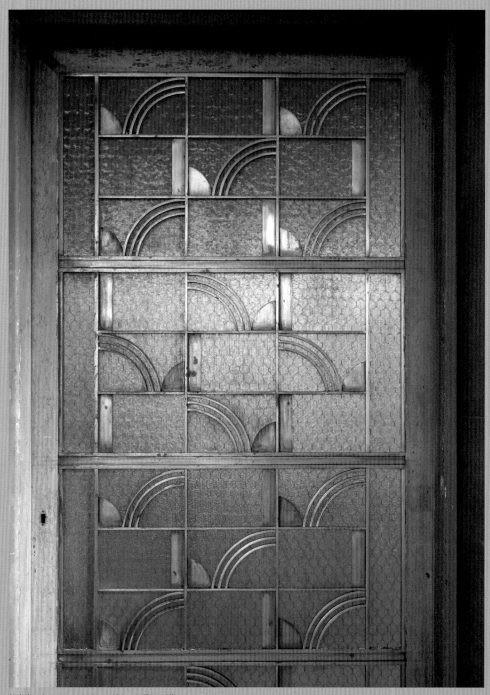

社交室にあるアール・デコのグリルが美しい扉

各住戸の洋間を飾っているオリジナル壁紙。アーツ・アンド・クラフツ、アール・デコなど当時流行の図柄が見られた

モンドリアン風のステンドグラスが飾られたモダンな共同食堂

丸いステンドグラスの
ある2号館の洋間。棚
のラジオは当時このア
パートで使用されてい
たもの

1号館の全洋間住戸、16号室の居間には、創建当時の内装が残されていた

モダンなつくり付けの棚や家具があった1号館の全洋間住戸の居間

Architect Data

所在地：中華人民共和国遼寧省大連市
設計：宗像建築事務所
施工：不詳
竣工年：昭和5年（1930）
解体年：平成13年（2001）より順次再開発

Dairen Rensagai

昭和初期の商業建築に流行していた
アール・デコのデテールを持つ大連の商店街

大連市連鎖街

　上野駅に似た箱形の大きな駅舎を持つ新しい大連駅が昭和12年に完成すると、関東庁と満鉄による大連市の開発は一段落を迎えた。その大連駅前のショッピング・モールとして開発されたのが、連鎖街だった。約9,000坪の敷地を8街区に分け、1街区に2棟の店舗併用住宅が通りを囲むように建ち、全部で16棟あった。建物は1階が店舗で2、3階が住居になっており、全部で200もの店舗が軒を連ねていた。それぞれの街区の建物が大小の通りに面して延々と続き、それが一周している様子から〝連鎖街〟と呼ばれるようになった。

　設計は大連で活躍していた宗像主一が率いる宗像建築事務所で、そのデザインは表現主義の全体にアール・デコのディテールを加えた、昭和初期の商業建築に流行していた形である。連鎖街の全戸が街区ごとのセントラルヒーティングによるス

チーム暖房になっていた。

　さまざまな商品を取り扱う専門店のほかに、映画館、ダンスホール、大浴場などの娯楽施設もあり、大通りに面した街区周囲にはアーケードが設けられて雨の日でも移動がたやすいなど、連鎖街は大連の新名所としてにぎわった。また、新駅完成に先立つ昭和7年には、連鎖街の道を挟んだ南側に三越百貨店の大連支店も開業していたため（設計は連鎖街と同じ宗像建築事務所）、この地区は大連一の繁華街に成長した。

　戦後、日本人が大連を去ると連鎖街は中国人の商店街となり、26年前の撮影の際は商店街もまだ活用されていて、建物の2、3階にはまだ往時のファサードが残されていた。その後、旧連鎖街は再開発対象地区に指定され、2001年より東端から取り壊しが始まったが、一部は修復保存が進んでいる。

1階はぎっしりと商店が並んでいたが、2、3階の部分には往時の姿が残っていた

シンボリックに塔を立てている棟も数多く見られた

機械のパーツのような装飾が
アール・デコの特徴

アール・デコの文様を反復させている壁面

Looking Back 1998

大連でも高層ビル建設の敷地を確保するために、近代建築が次々と撤去されていた。中山広場に面した近代建築群は観光資源のため保存されているが、安井武雄の処女作であり、セセッション様式で建築通好みの建物である大連税関長官舎はとっくに取り壊されている。昭和初期に流行ったスタイルの商店建築が数多い連鎖街商店街だが、撮影時には小さな商店が入り組んでスラム化していた。往来する人々の騒々しい声、スクーターの煤煙や機械油の臭い──。写真からもその喧騒が伝わると思う。

Architect Data
所在地：東京都各地
設計：不詳
施工：不詳
竣工年：昭和初期
解体年：不詳

Billboard Architecture

同じ形やデザインはふたつとない
下町のモダン商店建築群

看板建築

　看板建築とは、関東大震災後に建てられた商家の名称で、名前のとおり建物正面が看板のように平板な外観になっているのが特徴である。震災以前の商家は江戸時代から続いていた出桁造という1階軒や2階に瓦を載せた大屋根に覆われた伝統的な建物だったが、それらの多くは震災で焼失してしまった。

　震災後に店を再建しようとしたとき、帝都復興院による道路拡幅のための区画整理が行われ、それまでの敷地が1割ほど削られてしまった。そのため、軒の出っ張りを引っ込めて敷地いっぱいに店舗を建てようということになり、考え出されたのが看板建築だった。形のもととなったのは震災直後に建てられたバラック建築だった。バラックは応急処置の家屋なので、平坦なファサードにブリキを張ってペンキを塗っただけなのだが、モダ

ンな雰囲気があって建設コストも安い。そんな理由もあり区画整理後の東京の下町を中心に、次々と看板建築が建設されていった。

　看板建築は施主や担当した大工棟梁が自由にデザインしており、同じ形はふたつとない。しかし、耐火のために銅板やタイルで建物正面を覆い、多くが屋根裏部屋を持つという点で共通していた。これは区画整理で敷地が削られた分を取り返す苦肉の策だったが、そのため腰折れのマンサード屋根を載せた商店が数多く出現したという。

　かつて神田や築地界隈では看板建築が数多く見られたが、戦後の経済発展に伴ってひとつふたつと姿を消していき、この20年ほどでほとんどが消失してしまった。看板建築の数棟は現在、小金井公園にある江戸東京たてもの園に移築され、往時をしのぶことができる。

雑貨屋「ナンデモヤ」。東京都中央区築地にて

旧会社事務所。東京都文京区西片にて

ヤオ理髪店。東京都品川区南品川にて

Looking Back 1989

近代建築を撮り始めて間もない頃、藤森照信先生の著書『看板建築』(刊・三省堂)という本で看板建築の写真を見た私は、俄然興味を覚え、早速カメラを手に東京の街を歩いてみた。本に掲載されていた看板建築の数々はまだ現存しており、神田神保町のさくら通りやすずらん通りに、銅板やモルタルの個性豊かな看板建築が軒を連ねていたのをいまもはっきりと覚えている。現在は江戸東京たてもの園に移築されている6棟も、かつては街のなかに佇んでいたのである。

建築用語の基礎知識②
Basic knowledge of architectural term

カ行 （P.48からの続き）

交差ヴォールト
半円が水平方向に連続する「筒型ヴォールト」を2つ直交させた形状が特徴。天井を四隅の点で支えることができるので、筒型ヴォールトに比べると広い空間を実現できる。

ゴシック様式
ロマネスク様式に続いて、12世紀中頃の北フランスで花開き、その後、イギリスやドイツなど北部に広がっていった建築様式。ルネサンス様式が登場する15世紀末頃まで、およそ300年にわたってヨーロッパの建築の主流となっていた。ゴシック様式建築の構造的な特徴として、尖頭アーチ、リブ・ヴォールト、そしてフライング・バットレス（飛び梁）の3つがあり、いわゆる大聖堂はゴシック様式を象徴する建築物といわれている。

古典主義
ギリシア、ローマの古典古代を理想と考えて、その時代の学芸や文化を模範として仰ぐ建築や美術、文学、音楽などの傾向を古典主義と呼ぶ。建築としてはルネサンス建築、バロック建築、新古典主義建築などの総称である。

コーニス
建物や壁を完成させるために、柱の上に架した梁部（エンタブラチュア）の最上部に置かれる部材のこと。コーニスの機能は雨が建物の壁に当たらないようにすることであり、壁面より突出した装飾的な水平帯となっている。

コリント式
古代ギリシア建築におけるオーダー（列柱様式）のひとつで、ドリス式、イオニア式と並んで主要オーダーに位置づけられている。縦溝が彫られた（フルーティング）細身の柱身と、アカンサス（ハアザミ）の葉をモチーフとした彫刻がある装飾的な柱頭がその特徴。

サ行 （P.106に続く）

下見板張り
建物の外壁に長い板材を用いて、板の下端がその下の板の上端に少し重なるように張る手法の外壁のこと。その厚みの分だけ板が斜めになるので、板と板の間に段差ができて雨が浸入しにくい。明治・大正期の西洋建築に多用され、下見板張りの歴史的な木造建築は数多く現存している。

ジャコビアン様式
17世紀初頭のイギリスで流行した建築・工芸の様式。垂直線を強調した中世ゴシック様式と、古典古代の規則的な構成の装飾表現が混在している。当時この様式で建てられた多くの貴族の邸宅には、1階にホールと食堂、2階に娯楽スペースであるロンググギャラリーがあり、煉瓦が多用された。

新古典主義建築
18世紀半ばにフランスで登場した建築様式。過剰な装飾性と放縦なロココ芸術への反動として、荘厳さを持ち非常に厳格な規律に従った古典主義建築といわれる。パリの凱旋門、ロンドンの大英博物館など、当時、急速に拡大していたヨーロッパの都市のスケールに合わせた巨大な建造物もその代表例。ちなみに、新古典主義という名称は、その格式張った様式に対する蔑称としても使われた。

スクラッチタイル
煉瓦積みが主流だった時代からタイル張りに変わる過渡期に登場した建材が、針のような突起物で表面に引っ掻いた模様をつけたスクラッチタイルである。F・L・ライト設計の帝国ホテル（大正12年）の外壁に「スクラッチ煉瓦」が使われたのがきっかけとなり、昭和初期に官庁や大学、銀行などでスクラッチタイルを張った建物が数多く建造された。原料に含まれる鉄分などによって生まれる赤褐色から淡黄色のタイルの素地色が、外壁に微妙な表情と深みを生む効果がある。

第3章

学校・病院・宗教施設

Schools, Hospitals, Religious Institutions

聖路加国際病院

Architect Data
所在地：秋田県横手市朝倉町
設計：不詳
施工：高松建築
竣工年：大正4年（1915）
解体年：平成13年（2001）

Asakura Elementary School

大正時代の小学校建築のお手本のような
端正な玄関ポーチが目を引く

朝倉小学校

　明治5年の学制発布により、国民皆学を目指して日本各地に置かれることになった学校施設。最初期の頃は寺子屋の延長で寺の中に教室が設けられていたが、教育熱の高い地域では地元住民の寄付によって立派な小学校校舎が建設された。その代表格が長野県松本市に現存する「開智学校」だった。地元の大工棟梁の手による擬洋風建築の傑作である。このように文明開化という熱気が中央からじわじわと地方にも伝播していき、日本各地の村や町で、住民たちはまるで自分たちの意気を競うかのように、洋風の小学校校舎を次々と建てていった。

　当時の学校建築は木造の下見板張りで、正面中央にある玄関ポーチ部分にシンボリックに装飾を集中させ、その左右に教室棟を長く伸ばしているのが特徴だった。この形は明治以降の県庁舎など

に見られる官衙建築の模倣といえる。明治時代の学校建築はルネサンス風が多くて、やや権威的な表情が見られるが、大正期になるとその威厳性が和らいで民主的な優しい顔になってくる。

　いまや大正期の学校建築のほとんどが失われてしまったが、秋田県横手市で見かけたこの朝倉小学校は、そんな大正時代の小学校建築のお手本のような美しい建物だった。

　構造材が意匠に現れる、スティックスタイルの中央部の端正な玄関ポーチが目を引く。その軽やかな木材の垂直性が大正らしさを感じさせた。明治のものはポーチもどっしりとしていて、かなり水平性が強い建物が多い。2階窓の軒にはパルメットという葉っぱのような飾りがポイントとして飾られ、タールを塗った褐色の下見板壁も、大正時代以降の小学校建築によく見られるものだった。

スティックスタイルの軽やかな外観。大正時代の小学校建築の秀作だった

中央の正面玄関部。さまざまな様式の折衷が見られる楽しい表情

Looking Back 1994

これまで数多くの近代の学校建築を撮影してきたが、大正時代の建物はほとんどない。大正は年数が短いのと、学校施設が明治時代に全国的にほぼ整備されていたため、この時代に建設されたものはそもそも少ないのだ。

この朝倉小学校は、そんな数少ない大正校舎建築の秀作ともいえる美しい校舎だった。すでに廃校だったが、初夏の朝日を浴びて凜とした姿で佇んでいた。

東北地方初となる鉄筋コンクリート造で
理想の学び舎を目指した意欲作

山形市立第6小学校・第7小学校

　昭和2年に東北地方では初めてとなる鉄筋コンクリート造の校舎、山形市立第1小学校が建設された。当時、東京では関東大震災後に鉄筋コンクリートによる復興小学校が次々と建設されていたが、その先端の建設工法を地方都市である山形市が取り入れたのである。

　実は第1小学校を設計した秦・伊藤建築設計事務所の秦鷲雄が、東京帝国大学教授で鉄筋コンクリート建築の権威だった佐野利器と親戚関係だったため、秦は佐野の助言によって鉄筋コンクリート造を採用したのだ。落成した第1小学校は、開校前の昭和2年9月に開催された山形市主催の全国産業博覧会で、一会場として使用されている。博覧会には40日の会期中に130万人が訪れており、この最新の鉄筋コンクリート造校舎は市民にも概ね好評だったという。

　その後、市域の拡張と児童数の増加により小学校2校を新設することになったが、その新校舎は第1小学校と同じ鉄筋コンクリートで建設された。それが山形市立第6小学校と同第7小学校である。第6小学校はアール・デコ様式を取り入れた外観が特徴で、第7小学校は校庭に面した校舎中央の半円形の階段室が印象的なモダニズムスタイル。どちらの校舎もゆとりが感じられるプランで、各階の昇降は階段の代わりに緩いスロープが設けられており、廊下の窓も大きく連続的に開かれて採光に考慮されている。ほかの小学校の建築基準とは一線を画した、理想の学び舎を目指した創意工夫が随所に見られた。

　これらの学校は近代建築における初期の鉄筋コンクリート造として貴重な存在であったが、学校建築という性格上、老朽化による建物の危険性には対処せねばならず、第1小学校を代表として残して、あとは建て替えられた。

〈第7小学校〉

Architect Data

所在地：山形県山形市城北町
設計：山形市直営
施工：不詳
竣工年：昭和9年（1934）
解体年：平成18年（2006）

モダニズムスタイルの山形市立第7小学校の外観

〈第6小学校〉

Architect Data
所在地：山形県山形市鉄砲町
設計：山形市営繕
施工：不詳
竣工年：昭和8年（1933）
解体年：平成9年（1997）

山形市立第6小学校の外観。2階には愛らしいイオニア式のオーダーが並んでいた

Looking Back 1993

山形市立第6小学校は、正面玄関2階に可愛らしいイオニア式柱が並ぶ表情豊かな校舎だった。突然の訪問にもかかわらず、教員の方が親切に校舎内を案内してくれた。驚いたのは階段の代わりにスロープが校舎南端にあり、踊り場もなく緩やかにカーブをしながら3階までつながっていたこと。こんなプランの校舎はほかでは見たことがない。このような校舎で学ぶ子どもたちは、感性や情緒が豊かな人間に育つのかもしれないと、うらやましく思った。

Sapporo Fuji Girls' High School

スイス人建築家が北の都で手がけた
外壁全体を亜鉛鉄板が覆う女学校校舎

札幌藤高等女学校

Architect Data
所在地：北海道札幌市北区
設計：マックス・ヒンデル
施工：三浦建設工務所
竣工年：大正13年（1924）
解体年：平成13年（2001）

札幌藤高等女学校全景。急勾配の大屋根や小庇は雪が多い札幌のための仕様である

　大正期にドイツのカトリック系ミッションスクールとして創設された札幌藤高等女学校。その校舎を設計したのが、マックス・ヒンデルというスイス出身の建築家である。ヒンデルはチューリッヒで生まれ、ヨーロッパ各地を回って建築を学んだあと、義弟で北海道帝国大学予科のドイツ語教師だったハンス・コーラの勧めで、大正13年に夫人とともに札幌に移り住んだ。

　札幌に来てヒンデルが最初に手がけたのが、この札幌藤高等女学校校舎である。大きな急勾配の屋根と外壁全体に亜鉛鉄板を張り、小庇と連続窓により水平性を出すという手法は、ヒンデルが北国建築の仕様として札幌で手がけた一連の作品に見られる形式だった。この札幌藤高等女学校の初代校舎は、学校の創設者で初代カトリック札幌教区長のヴェンセスラウス・キノルド司教にちなん

でキノルド館と呼ばれ、中央にクーポラのドームを載せているため、〝玉ねぎ塔の校舎〟という愛称で親しまれていた。

　ヒンデルは札幌に滞在中の3年間に、住宅や教会関係の作品を16件設計したが、その後札幌を離れている。昭和初期、建築家という職能に対する理解は、東京ならまだしも北海道ではまだまだ低く、建築家としての信念と自負を持っていたヒンデルは「建築家は医師や裁判官、社会学者と同一である」と発言。建築家の社会的地位やその存在意義を周りに投げかけている。しかし、周囲の反応は相変わらず鈍かったため札幌に見切りをつけ、新しい活動拠点を横浜に求めて、上智大学校舎、新潟カトリック教会といった大規模な建造物を設計している。昭和15年にスイスに帰国し、その後ドイツで亡くなっている。

札幌藤高等女学校の校舎の外観で目を引くのが、中央にそびえるクーポラの塔だった。玉ねぎ形のドームというと、ロシア正教の聖堂であるハリストス正教会のものを連想するが、カトリック系である南ドイツの教会にもこのようなクーポラのドームを鐘楼の上に載せているのが見受けられる。ただ、この校舎のドームは小さくて、やや縦に間延びしている感じではあるが。

校舎中央のクーポラのドームを載せている塔

Meiji University Main Building Lecture Hall

見るほどに謎が深まる
西洋建築と日本建築の折衷作品

明治大学本館講堂

Architect Data
所在地：東京都千代田区神田駿河台
設計：大森茂
施工：清水組、大林組、戸田組、大倉土木
竣工年：昭和7年（1932）
解体年：平成7年（1995）

　明治大学の3代目の本館として建てられたこの校舎は、神田駿河台の大通りで長らくその偉容を誇っていたが、この校舎の前を通るたびに、この建物の様式は何だろうかといつも考えていた。

　道路を渡って向かい側から全体を見渡すと、屋根には緑青に覆われたドームを載せ、外壁は茶系のモルタル塗りのため、表現主義系かロマネスク様式のように見える。しかし、ドーム下にはニッチと呼ばれる窪みがあり、さらに観察するとキャピタル（装飾された柱頭）が付いた列柱が見える。これらの装飾は古典主義系なので、中世様式のロマネスクとは様式の種類が違う。

　今度は近づいてみると、正面玄関の上部にもベルを持った対の天使像が刻まれている。天使といえばキリスト教系の学校となるのだが、この明治大学は法律学校からの出発なのでこのような宗教的な図柄はそぐわない。しかもその天使像をよく見ると背中の羽が生えていない。持っているベルらしきものは火の見やぐらに下がっているような半鐘である。なんとも人を食った像だが、これは「暁の鐘」という明治大学の校歌の一節にも歌われている大学精神を偶像化したものだという。

　このように、見れば見るほど素性がわからない建築だったので、明治大学の資料で調べてみたら、設計者の大森茂はこの校舎を「グレコ・ローマン奈良平安様式」と説明している。「自分は西洋建築をそのままつくったのでは不満足である。どうしても日本建築を折衷していかねばならぬ」と語り、ローマに日本の奈良、平安を折衷したデザインを考案したらしい。しかし、その外観はローマの印象が強くて、私にはどこに奈良や平安があるのか見いだすことはできなかった。

明治大学本館講堂外観

正面玄関上部に飾られた「暁の鐘」のレリーフ

校舎の中央にある講堂。プロセニアム・アーチ両脇には賢人のソクラテスと孔子の像が飾られていた

Looking Back 1991

文中で紹介した「暁の鐘」については、鐘を持った対の天使らしい像の下部には丸い窓が開いていた。そこには太陽を背景に髭を生やした校長先生や学生、軍人さん、とんがり帽子をかぶった子どもなど、たくさんの人が万歳をしているステンドグラスが嵌め込まれていて、その両方を合わせて暁の鐘なのである。このステンドグラスは明治大学の新校舎に保存されている。

プロセニアム・アーチの頂部に立つ神武天皇の像

講堂客席側を見上げる

繊細な唐草模様が施された玄関ホールの柱

St. Luke's International Hospital

3人の外国人建築家が設計に関わった
華やかな外観を持つ病院建築

聖路加国際病院

Architect Data

所在地：東京都中央区明石町
設計：A・レーモンド
　　　B・フォイエルシュタイン
　　　J・V・W・バーガミニー
施工：清水組
竣工年：昭和18年（1933）
解体年：平成6年（1994）

東翼棟正面の看護大
学玄関。ブロンズ製の
アール・デコの装飾が
取り付けられている

聖 路 加 看 護 大 学

看護大学があった東翼棟に飾られた、鮮やかなテラコッタ製のバンド・オーナメントと病院のマーク

　アメリカ・エスコパル宣教団のミッション・ホスピタルとして、明治35年に明石町の外国人居留地に創立された聖路加国際病院。最初は小さな平屋の日本家屋から始まった診療所だったが、その後順調に規模を拡張し、昭和8年にはアメリカ式の機能的なプランと最新の医療設備を整えた東京で一番大きな病院となった。

　病院の設計の原案と実施案はそれぞれ異なる外国人建築家が担当している。最初の設計はA・レーモンドとB・フォイエルシュタインというチェコ人コンビがモダニズムのデザインで進めており、図面に描かれた中央病棟の屋上に立つ30mを超す尖塔は、フォイエルシュタインの師であるオーギュスト・ペレが設計したフランスのル・ランシーにあるノートルダム聖堂の塔にそっくりだった。このデザインに難色を示した教団側は再度の設計

変更をレーモンドに通達したが、レーモンドは聞き入れなかったため建設途中で解任されてしまう。

　その後の設計監理を担ったのが、アメリカ人ミッション建築家J・V・W・バーガミニーだった。彼は中央の塔を3分の1に切り詰め、両翼棟の階層を増加するなど設計を変更。無機質だった塔屋や壁面には黄青緑の3色による鮮やかなテラコッタ製のバンド・オーナメントが施され、最終的にはアール・デコ様式による装飾的な病院建築に生まれ変わった。看護大学があった東翼棟（西翼棟は戦後に増築された）はバーガミニーの作風が最も顕著で、正面玄関部はアール・デコ風のブロンズ製装飾が壁面を飾っており、屋根の緑色の半丸瓦と鮮やかなタイル装飾が華やかな外観を形成していた。しかし、病院改築の際にこの東翼棟はすべて排除されてしまった。

改修前の聖路加国際病院全景。張り出し窓のある中央病棟部分がレーモンドの設計

Looking Back 1993

聖路加国際病院は中央病棟部分が保全されているが、その館内にはプロテスタント系としては日本一のチャペルが設えてある。5階分吹き抜けの大規模な〔かで〕、見上げるとはるかに高い天井には、伊豆新島の抗火石（こうかせき）が張られた重厚なリブ・ヴォールト天井が連なっている。祭壇や側廊の大きくて縦長なゴシック様式のステンドグラスも、見事なものだった。

Architect Data
所在地：愛知県名古屋市中村区道下町
設計：県営繕課
施工：志水組
竣工年：昭和12年（1937）
解体年：平成21年（2009）

Japanese Red Cross Nagoya Daiichi Hospital

表現主義スタイルとアール・デコの装飾が
昭和初期の病院建築の形をいまに伝える

名古屋第一赤十字病院

名古屋第一赤十字病院の玄関部

　近代建築と呼ばれる建物として、大病院建築というものは現在ではほとんど残っていない。やはり衛生面や日々進歩する医療技術に対応するのは、構造的にも設備的にも老朽化した建物では難しいということなのだろう。患者にとっても最新の施設を備えた新しい病院のほうが、精神的にも安心するというものだ。そんな病院建築にあって、名古屋第一赤十字病院の旧本館は平成21年まで現存しており、昭和初期の近代的な病院建築の形をいまに伝えていた。

　昭和6年に名古屋市公会堂で行われた日本赤十字社愛知支部の社員総会の中心議題は、病院の建設だった。隣接する三重、岐阜、静岡、長野の各支部には病院が開設されているのに、東海地方の中心である名古屋市にはまだ病院がなかった。当時の日本赤十字社は陸軍省と海軍省が管轄する社団法人で、各支部には有事の際に戦地に救護班として看護師を派遣する任務とその割り当てがあったため、愛知支部でも常に召集可能な看護師を200人ほど準備しておかなければならなかった。その看護師の養成も急務ということで、昭和8年に病院建設準備委員会が結成され、昭和10年に中村遊郭の敷地の隣にあった遊里ヶ池を埋め立てて建設に着手。昭和12年に病院が完成した。

　建物は白いタイル張りの表現主義スタイルに、ポイントでアール・デコの装飾を加えてある当時流行したデザインだった。平面は片辺が長い鍵形である。これは将来の病棟の増築を考慮したためで、実際に戦後に次々と新病棟が増築された。戦前戦中は軍事病院、戦後は地元市民の病院として70余年にわたって医療活動に貢献してきたが、平成22年には全面改築工事が完了し新病院となった。

Looking Back 2001

病院といえば、病気や怪我など
日常生活のなかに起こりうるア
クシデントに対処、治療しても
らう施設。だが、戦前はこのほ
かに戦争による傷痍への対応と
いう任務もあり、こちらの役割
のほうが圧倒的に多かったので
はないかと思う。日本の近代は
戦争の時代であり、戦地での負
傷者を専門に受け入れていたの
が日本赤十字社の各支部の病院
であった。この病院を調べてい
て、戦後の日本人が忘却してい
る過去の事実を再認識した次第
である。

半円形に張り出した階段室

煉瓦造の軀体にハーフティンバーの塔屋を載せた瀟洒な外観

United Church of Christ in Japan

アメリカの田舎町にある教会を思わせる
ヴォーリズが最初に手がけた教会建築

日本基督教団福島教会

Architect Data
所在地：福島県福島市宮下町
設計：W・M・ヴォーリズ
施工：斉藤信吉
竣工年：明治42年（1909）
解体年：平成23年（2011）

　大正、昭和時代に日本で活躍した外国人建築家に、ウィリアム・メリル・ヴォーリズという人がいた。米国カンザス州生まれで、コロラド大学を卒業して明治38年に宣教師として来日。滋賀県立商業高校に英語教師として赴任すると、彼は学生に英語を教えながらキリスト教の布教も始めた。それが地元住民の反感を買ってしまい、在職2年余りで教師を解任されてしまう。教師を辞めたヴォーリズは近江八幡の地を布教活動の拠点と定めて、近江ミッションを設立。その活動資金を得るために建築設計事務所を開くことにした。

　ヴォーリズは建築の勉強のためマサチューセッツ工科大学の入学手続きまでしていたものの、家庭の経済的事情で断念したという過去があった。とはいえ、建築教育のないヴォーリズは、まずアメリカから建築家を招聘して建築設計事務所の基

盤を固め、その後は日本人スタッフを育成し、昭和の初めには所員33名を擁する「ヴォーリズ建築事務所」の所長として活躍するまでになった。

　この日本基督教団福島教会は、ヴォーリズが最初に手がけた教会建築である。煉瓦造の軀体に木造の塔屋を載せ、玄関の上部の三角破風にはシングル（木辺）葺きが見られる。アメリカの田舎にある教会を思わせる瀟洒な外観である。堂内は尖頭アーチのヴォールトが構成する天井がシンプルかつ動的な美しさを演出しており、それを支える柱頭飾りも独創的でユニークな形だった。貴重なヴォーリズのデビュー作だったが、東日本大震災で被災して残念ながら取り壊された。その後、ヴォーリズが創設してその意志を継いでいる「一粒社ヴォーリズ建築事務所」の手によって、新たに教会堂は生まれ変わったという。

堂内の袖廊。尖塔アーチのファンライトの桟模様が繊細かつモダンである

教会の側面部

Looking Back 1997

伝道師であるヴォーリズが最初
につくった教会であり、堂内の
造作のよさがとても印象的だっ
た。天井は十字形に切り込まれ
た尖頭アーチ状のヴォールト
で、その形に合わせたアーチ窓
のファンライト、そして天井の
白色と柱や腰壁の褐色とのコン
トラストが素晴らしい。まだア
マチュア建築家だったヴォーリ
ズが伸びやかに設計した、その
朗らかさが吉と出たのだろう。

日本基督教団福島教会の堂内。十
字形のヴォールト天井が拡散させ
る四方の窓からの光が、堂内を明
るく満たしている

Kobe Central Catholic Church

山手のシンボルとして親しまれてきた
初期ゴシックスタイルの聖堂

神戸中山手カトリック教会

Architect Data

所在地：兵庫県神戸市中央区中山手通
設計：不詳
施工：不詳
竣工年：大正11年（1922）
解体年：平成7年（1995）

　幕末に開港した神戸には、外国人居留地が建設された。そこには世界中から多くの外国人が集まり、その外国人にはそれぞれに信仰があり、さまざまな宗教から枝分かれした宗派もあった。こうして居留地のあちらこちらに、カトリック、プロテスタント、ロシア正教、イスラム教といった祈りの場所が次々と建設されていった。当時の日本人にとって、そんな街並みは見たことのない外国の風景であり、エキゾチックな景観は絵葉書などにも描かれていた。

　中山手カトリック教会は、明治3年創立の神戸で最古のカトリック教会であり、大正12年の建て替えによって神戸で最大規模を誇る聖堂となった。左右にそびえる角塔、中央の大きな丸いバラ窓、玄関入り口で層をなす柱とアーチなど、その姿はフランスの初期ゴシックスタイルで、その様

式の代表格であるパリのノートルダム大聖堂を模倣していた。もちろん、規模は本家に比べるべくもないが、神戸のノートルダム聖堂は山手のシンボルとして長年にわたり親しまれてきた。

　堂内は3廊のバシリカ式で、本格的なリブ・ヴォールト天井が高い柱によって支えられており、堂内をカクテル色で染める華やかなステンドグラス群は、戦災で全焼したため戦後の改修で新たに取り付けられたという。

　神戸大空襲の被害からも復興した教会堂だったが、平成7年1月17日の阪神・淡路大震災によって教会は半壊し、司祭館は全壊してしまった。塔の接合部分である側面壁の亀裂が建物を上から下まで貫き、もはや修復は不可能だった。その後、神戸市各地域の教会を統合したカトリック神戸中央教会の新しい教会堂が、同地に建てられた。

Looking Back 1993

実にすっきりとして清冽な美しさを持った教会だった。3層構成の双塔には縦長のゴシック窓を配置して、頂部にあるピナクル（小塔）の飾りがポイントになっており、歯車のようなバラ窓が小気味よさを感じさせた。教会正面の垂直性を写し撮るために、蛇腹式大判カメラのレンズボードを垂直に上へずらす、あおり操作を駆使し撮影したものだった。

中山手カトリック教会の堂内。中央の身廊とその両側の側廊からなる3廊式で、リブ・ヴォールト天井が高い柱によって支えられている

凜と立つ双塔とバラ窓が美しいフランス式のゴシック様式

Kobe Betsuin branch temple of the Jodo Shinshu Hongwanji-ha

教会ゴシック様式の雰囲気も漂う
地域住民に親しまれた〝モダン寺〟

浄土真宗本願寺派神戸別院

正面外観。この意匠のイメージは現在の本堂にも受け継がれている

Architect Data

所在地：兵庫県神戸市中央区中山手通
設計：葛野建築事務所
施工：姫路中島組
竣工年：昭和5年（1930）
解体年：平成5年（1993）

ホールのような本堂内。内陣（本尊が安置してある）の極楽浄土を表す装飾が絢爛豪華

　ゴシック様式の教会や大ドームを頂いたイスラム・モスクなど、エキゾチックな宗教施設が点在する港町神戸。仏教寺院も神戸にあるものはひと味もふた味も違っている。この浄土真宗本願寺派神戸別院は、その姿から地域住民に〝モダン寺〟として親しまれていた。正面に立って建物を眺めると、その表情はインド風とも東南アジア風とも取れるが、両脇に塔が立ち中央に収められた破風の形からすると、これは教会ゴシックの形式に近い。

　一般の寺は横長の平面形状が普通だが、この寺院は教会建築と同じで縦に細長い平面形状になっており、すべてが異色の寺院建築だ。このプランニングを行ったのは、大谷尊由という当時の住職だ。大正6年に先代の本堂が失火により消失したため、尊由和尚は本堂の再建にあたって、もっと親しみやすくて入りやすいハイカラな本堂の建設

を考えたらしい。このモダン寺のプランを聞き入れて後押ししたのが、当時の浄土真宗本願寺派法主の大谷光瑞だった。彼は仏教の源流を探るべく、大谷探検隊を組織してシルクロードやチベットを踏査してインドまでたどり着くという探検を3回も行った開明派の法主だった。

　この寺のデザインをインド様式にしたのも大谷光瑞の提案といわれているが、光瑞は昭和9年にインド式伽藍の大作である築地本願寺を完成させているので、築地本願寺の建設前にこの神戸別院で、市民からの印象や評判などを試したのかもしれない。神戸別院は老朽化のため建て替えられることになり、モダン寺の表情を中央部に残して建物を拡張することになった。再建中に阪神・淡路大震災が発生して3か月間工事が中断したが、その後無事に落成した。

Looking Back 1993

地図を頼りにJR神戸線の元町駅と神戸駅の中間あたりで高架沿いの道路を山手側に折れると、目的のインド式の姿が突然目に飛び込んできた。西本願寺系は築地本願寺や京都の伝道院など、インド様式によるユニークな施設を建設していたが、この神戸別院のインパクトもなかなかのものだった。モダン寺は法要や葬儀のほか、地域の集会や慰安会などにも使用されており、その市民ホールのような気軽さが地元の人々に親しまれていた。

建築用語の基礎知識③
Basic knowledge of architectural term

サ行（P.80からの続き）

スティックスタイル
20世紀後半のアメリカでは、それまでビクトリアン様式とひとくくりにされていた木構造の建築物のうち、構造体である柱、梁、筋違などの軸組を化粧として建築物のファサードのデザインに取り入れたものを、スティックスタイル（様式）と呼ぶようになった。そのデザインは「ハーフティンバー」（P.132）がベースになっている。

スパニッシュ・コロニアル様式
スペイン人の入植によってアメリカに伝えられたコロニアル様式のひとつ。そのルーツは地中海に面したスペイン・アンダルシア地方にあり、シンプルな切妻屋根と白や淡い黄色に塗られた漆喰壁、パティオと呼ばれる中庭などがその特徴。コロニアルとは植民地のことで、イングリッシュ・コロニアル、ダッチ・コロニアルなどもある。

タ行

辰野建築
東京駅の設計で知られる辰野金吾が手がけた建築物には、赤煉瓦に花崗岩の白い帯状の装飾という組み合わせが数多く見られ、これらの特徴的な建築は総称して「辰野建築」「辰野式」と呼ばれている。その特徴はビクトリアン・ゴシックに影響を受けたスタイルといわれ、明治から大正にかけて多くの建築家がこれを模倣した。

チューダー様式
15世紀から17世紀初頭までのイギリス・チューダー朝時代の建築様式。急勾配の切妻屋根に木の骨組みを白スタッコ壁で埋めたハーフティンバー（P.132）が特徴で、1階部分を煉瓦積みにすることでコントラストを強調した建物も多い。

帝冠式
1930年代の日本や満州国で、公共機関の建築物に多く見られた和洋折衷の建築様式。帝冠様式ともいう。近代的な鉄筋コンクリートのビルの頂部に、伝統的な瓦屋根を載せるのが特徴で、どこかエキゾチックな雰囲気が漂う。神奈川県庁、愛知県庁などがその代表的作品といわれる。

トラバーチン
虫食いの跡のような小さな穴がある大理石の一種。表面の緻密な縞状の模様が特徴的で、建物内部の壁面に装飾的に使われることが多い。イタリア産のものが有名で、色はクリーム色系と赤褐色系がある。

ドリス式
古代ギリシア建築前期のオーダーのひとつで、「ドーリア式」とも呼ばれる。柱身は縦溝が彫られたフルーティング（溝彫）だが、装飾のないシンプルな柱頭となっているのが特徴。代表的な建物としてはパルテノン神殿が有名。本書に登場しないイオニア式オーダーは、柱身はフルーティングで、柱頭の装飾が羊の角のような渦巻き模様になっている。

テラコッタ
イタリア語で「焼いた土」を意味し、粘土を成形して無釉で素焼きにしてつくる器物の総称。建築材料としては煉瓦やタイル状のものがあり、焼く前は加工しやすく焼成後は硬くなって耐久性も高いため、外壁や床などに装飾的に使われることも多い。

第4章

劇場・ホテル・デパート

Theaters, Hotels, Department Stores

九段会館「真珠の間」

107

Kabukiza

外観、内装ともに4代目歌舞伎座を継承して
名建築の記憶を次代へとつなぐ

歌舞伎座

Architect Data
所在地：東京都中央区銀座
設計：岡田信一郎　（改修）吉田五十八
施工：大林組
竣工年：大正13年（1924）
解体年：平成22年（2010）

重厚な本瓦の屋根を頂く歌舞伎座全景

　中央玄関の大きな唐破風屋根、桃山式による和風建築の堂々たる姿、東銀座の顔として長年親しまれた歌舞伎座。5代目となる現在の劇場は高層ビルに建て替えられたが、そのデザインはかつての3代目歌舞伎座の表情を継承している。

　歌舞伎の殿堂にふさわしい近代和風の3代目歌舞伎座を設計したのは、大正・昭和初期に活躍した建築家、岡田信一郎だ。歌舞伎座の設計にあたり岡田は、歌舞伎の起源である出雲阿国が活躍した時代や地域に着目したという。その考証の結果、桃山時代の京都に花開いた建築様式が鉄筋コンクリートで再現され、その様式のポイントとなったのが玄関部分にある唐破風屋根だった。

　こうして東京の名所となった歌舞伎座だったが、空襲の被害によって大屋根が焼け落ちてしまったため、戦後、近代数寄屋建築の旗手吉田五十八によって修復が行われる。内装は吉田流の和風モダニズムでつくり直されたが、外観は岡田が設計した焼け残った外壁を生かして再建。ただ、正面中央にあった大破風屋根は再現されなかった。

　その劇場も老朽化と舞台機構の限界により平成25年に建て直されたが、外観、内装ともに吉田五十八の4代目のデザインを継承。上部の高層ビル棟を劇場よりセットバックさせることで、地下鉄から地上に出て歌舞伎座を見上げても、ビルが視野に入らないよう配慮されている。以前と同じインテリアを再現しながらも、座席の数を減らしてゆったりとしたシートに改良。観客はより快適に歌舞伎を鑑賞できるようになった。古くなった建物には建て替えの運命が待っているが、歌舞伎座の建て替えは名建築の記憶の次代への継承がうまくいったケースといえるだろう。

Looking Back 1996

近代和風建築の傑作である歌舞伎座には、兄弟建築があるのをご存じだろうか。それが同じ岡田信一郎が設計した「旧琵琶湖ホテル」（現びわこ大津館　滋賀県大津市）だ。桃山風の外観に玄関の大きな唐破風屋根など、歌舞伎座にそっくりである。こちらの建物は改築されていない当時の建物で残っており、誰でも見学できる市の施設になっている。

ライトアップされた歌舞伎座の姿も存在感があった

Architect Data

所在地：東京都台東区浅草
設計：松成建築事務所
施工：不詳
竣工年：昭和6年（1931）
解体年：平成3年（1991）

Tokiwaza, Kinryukan, Tokyo Club

浅草六区時代のにぎわいを感じさせる
戦前に建てられた3つの劇場建築

常盤座・金龍館・東京クラブ

東京クラブの外観。ゴシック調の小窓に表現派のバルコニーなど各様式を折衷したスタイル

東京クラブの劇場内。力強いリブアーチが連なる

　明治から昭和前期にかけて、浅草は東京で一番の歓楽街だった。明治17年に浅草寺の隣の土地を七区に分けて浅草公園として整備し、浅草寺の裏手にあった六区には奥山から見せ物小屋などが移転してきており、それが明治30年代から演劇やオペラ、活動写真を上映する劇場に変わっていった。その最初の劇場が明治20年に開業した「常盤座」で、その両隣には活動写真専門館の「金龍館」（明治44年開業）、「東京クラブ」（大正2年開業）が建設された。

　これらの劇場は興行師の根岸浜吉が創設した根岸興行部が運営していたが、関東大震災で劇場を焼失すると、経営が悪化した根岸興行部は興行大手である松竹の傘下に入り、震災後にこれら3館の劇場は松竹によって鉄筋コンクリートで再建されることになった。設計は映画館や劇場建築を得意としていた松成建築事務所で、松竹系ではほかに浅草国際劇場（昭和12年開業）を手がけている。

　新築した3館の劇場を表側から眺めると、それぞれ独立した建物に見えるが、実はひとつの建物になっており、20銭の木戸銭を払うと館内でそれぞれの劇場を行き来できたという。建物のファサードは3つに分割され、それぞれに特色のあるデザインで仕上げられていた。金龍館はロマネスク西洋城郭風、常盤座と東京クラブは表現主義様式で、昭和初期に流行したスクラッチタイルがそれぞれの劇場の外壁に張られていた。

　この3つの映画館は、戦前に建てられた劇場建築としては最後まで残っており、そのにぎやかなファサードが、娯楽を求めて多くの人々がひしめき合っていた華やかな浅草六区時代を、いまに伝えていた。

Looking Back 1989

常盤座は昭和59年にいったん閉館したが、浅草六区の再興を願う浅草の老舗店舗による「浅草おかみさん会」が、松竹から借り上げて昭和63年に再興行を開始した。わずか3年の開館だったが、演劇やお笑い、ライブなど多目的に使用されていた。こうした密度の濃いさまざまな舞台空間の存在が、浅草をハイレベルな芸能と娯楽の街として成立させていたに違いない。

常盤座外観。こちらも表現主義、ロマネスクなどの折衷スタイル

西洋城郭風のデザインの金龍館外観

𝒜rchitect 𝒟ata
所在地：東京都千代田区九段南
設計：小野武雄、川元良一
施工：清水組
竣工年：昭和9年（1934）
解体年：平成28年（2016）

> Kudan Kaikan

昭和史の表舞台にもたびたび登場する
軍人会館と呼ばれた帝冠様式の代表作

九段会館

九段会館の正面外観。帝冠様式の代表作で、4本柱の玄関は大ホールの入り口

　九段会館は創建当初、軍人会館と呼ばれており、昭和天皇の御大礼の記念事業として、昭和9年に帝国在郷軍人会によって建設された。建物の設計については、伊東忠太を審査員長とする同会主催の設計競技が行われた。昭和5年のことだ。小野武雄の案が1等入選し、それを川元良一が実施設計。満鉄から100万円の寄付、昭和天皇からも5万円の下賜金が贈られて、建設費250万円と2年の歳月をかけて昭和9年に完成した。

　竣工した軍人会館のその姿は、近代のビルに日本の伝統的な瓦屋根を載せた「帝冠様式」と呼ばれるもので、これは昭和初期の国粋的な傾向を建築に表現した形といえる。そもそもこの軍人会館のコンペの応募要項には、「建築ノ様式ハ随意ナルモ容姿ハ国粋ノ気品ヲ備ヘ荘厳雄大ノ特色ヲ表現スルコト」とある。つまり、帝冠様式をどのよ

うに表現するかというのがテーマであり、入選作10点がすべてその姿で描かれ、軍人会館は帝冠様式の代表作として近代建築史に記されてきた。

　この建物は昭和史の表舞台にもたびたび登場する。昭和11年に起きた2・26事件では反乱軍を鎮圧する戒厳司令部がここに置かれ、昭和12年には日満親善の一環として満州国皇帝・愛新覚羅溥儀（あいしんかくらふぎ）の弟溥傑（ふけつ）と華族出身の嵯峨浩（さがひろ）との挙式の舞台にもなっている。さらに、戦後はGHQに接収されて進駐軍宿舎にも使用されている。

　昭和32年に名称を九段会館と改め、財団法人日本遺族会の管理によりホテルや貸ホールを運営してきた。しかし、東日本大震災で大ホールの天井材が崩落し人的被害が出たことで廃業に追い込まれ、建物の一部が保存・復元され建て替えられた。保存部分は登録有形文化財となっている。

大理石の模様が美しいアール・デコ調の階段室

3階のバンケットホール「真珠の間」のアール・デコの内装

2階の広間「鳳凰の間」は近代和風のインテリア

大ホールの天井

Looking Back 2005

九段会館の館内は、外観のようなナショナリズムは感じられず、当時主流だったアール・デコや近代和風などの美しい内装が随所に展開されていた。2・26事件の際に戒厳司令部が置かれた「鳳凰の間」や、愛新覚羅溥傑と嵯峨浩の婚礼の宴が行われた「真珠の間」など、近代史の舞台になった広間に入り、当時の出来事に思いを馳せながら撮影をしたのを思い出す。

Hakuunro Hotel

Architect Data
所在地：石川県金沢市湯涌町
設計：大林組
施工：大林組
竣工年：昭和12年（1937）
解体年：平成18年（2006）

山間の温泉街の崖上にそびえ立つ
スパニッシュ・コロニアル様式の観光ホテル

白雲楼ホテル

　石川県金沢市の南東の山間にある湯涌温泉には、かつて日本有数の豪華さを誇る観光ホテル「白雲楼ホテル」が存在していた。谷間にある温泉街から見上げる崖上に建設されたスパニッシュ・コロニアル様式のホテルは、まるで山上に西洋の城郭がそびえているような眺めだった。

　白雲楼ホテルの創業者である桜井兵五郎は、石川県珠洲市の旧家の出身。日本タイプライター会社を創立した実業家で、政治家としても活躍した立志伝中の人物である。郷里の活性化を考えた桜井は湯涌温泉にホテルを建設することを思いつき、時計王の服部金太郎が所有していたF・L・ライトの様式を模したといわれる別荘を譲り受け、この地に移築して昭和7年にホテルを開業する。

　しかし、そのホテルが昭和10年に焼失してしまったため、桜井はすかさず大林組の設計施工によっ

て建物を再建。スパニッシュ様式の本館である万里荘、皇族用の貴賓館である長風閣などの施設を次々と建設していった。

　ライト式のポーチが美しい洋風本館の玄関ホール、300畳敷きの桃山式の大広間など、館内のインテリアは和洋折衷である。増築を重ねたことで迷路のように入り組んだホテルには、スペイン風の中庭があったかと思うと、南蛮画の襖絵が現れ、長風閣の貴賓室玄関前には陶器の狛犬が置いてあるなど、センスの良し悪しは別として、これほど館内探訪が楽しいホテルも珍しかった。

　国の登録有形文化財に登録されたが、経営が悪化して平成11年に白雲楼ホテルは倒産。その後再建のために競売にかけられたが買い手がつかず、平成18年に建物の復旧は不可能と断定され、文化財登録を抹消して金沢市によって解体された。

白雲楼ホテルの玄関側外観

スパニッシュ様式の本館「万里荘」

皇族用の貴賓館だった「長風閣」

本館玄関は山荘風のインテリア

本館階段室のアール・デコ調の天井装飾

300畳敷きの大宴会場「医王の間」

医王の間の後方にあった格式高い床の間装飾

Looking Back 1991

谷間のひなびた温泉街の横道を
入って急な坂を上りきると、別
天地である白雲楼ホテルの前庭
にたどり着いた。高級ホテルな
のだが、ほかのクラシックホテ
ルのような格式張ったところは
なく、館内も浴衣で過ごすこと
ができた。家族連れや団体客も
多く泊まっており、各種娯楽施
設も充実しているので、ホテル
全体がひとつの街のようにざわ
めいて、とてもにぎやかだった。

Architect Data
所在地：大阪府大阪市南区心斎橋筋
設計：村野藤吾
施工：大倉土木
竣工年：昭和10年（1935）
解体年：平成15年（2003）

The Sogo Department Store Head Office

御堂筋の歴史的景観を形成した
村野藤吾設計によるモダニズム店舗

そごう百貨店本店

　大阪の中心を南北に貫く御堂筋は、昭和の初めに地下鉄御堂筋線の建設に合わせて6車線にまで拡幅された。道沿いには大阪ガスビルや大丸心斎橋店などモダンで近代的なビルが次々と出現し、商都大阪の新しい都市景観を形成していった。

　そごう百貨店は御堂筋完成間近の昭和10年に、本店として建てられた。設計は昭和を代表する建築家のひとりである村野藤吾。村野は大阪の渡辺節建築事務所を辞めたのち、昭和4年に同地で建築設計事務所を開設していた。そごう本店の設計に村野を指名したのは、同社幹部の水木栄太郎だった。御堂筋に大型百貨店を出店するにあたり、そごう側も村野のデザインする店舗に社運をかけており、「6割が設計、4割が商売」という水木の言葉に村野は大いに感銘して設計に奮闘したという。

　隣地にはすでにヴォーリズ建築事務所の設計に

よる華麗なネオ・ゴシックの大丸百貨店が完成しており、それを強く意識した村野は、ゴシックとは対極にあるモダニズムで店舗設計に挑戦した。街路に面した外壁に垂直の袖壁を細かく並べ、遠目にはラジエーターのような縦線を強調しながらも、壁面の要所に垂直の幕板や水平のバルコニーを配置して変化を与えている。この立面構成に関する苦労について、村野はのちに「『大衆にアピール』しながらも建築として堕落させないことを心がけて非常な苦心をはらった」と述懐している。

　そごう百貨店本店は村野藤吾の戦前時代の代表作となり、日本における構成主義作品の貴重な建築となった。長年にわたり隣の大丸と並んで御堂筋の歴史的な景観を形成してきたそごう本店だったが、平成12年の経営破綻により、本店も整理物件のひとつとして取り壊されてしまった。

そごう百貨店本店外観。ロシア構成主義をベースにしたデザイン

正面玄関天井に飾られた星空を描いたガラスモザイク装飾

Looking Back 2002

村野藤吾の代表作である日生劇
場（日本生命日比谷ビル・昭和
38年）は、外観は銀行のよう
な重厚な石張りだが、劇場内は
ガラスモザイクによる幻想的な
世界感があふれている。村野作
品に見受けられるこうした表現
の二面性を、そごう百貨店本店
でも感じた。外観はモダニズム
なのだが、エントランスの天井
など館内に残る村野ファンタ
ジーを感じながら、撮影したの
を覚えている。

ライトアップで浮かび上がる右手の
彫刻は藤川勇造作の「飛翔」

Architect Data
所在地：大阪府大阪市南区心斎橋筋
設計：ヴォーリズ建築事務所
施工：竹中工務店
竣工年：昭和8年（1933）
解体年：平成28年（2016）

Daimaru Shinsaibashi Store

アール・デコによる幾何学模様のレリーフが
デパートらしいハレの場を華やかに演出

大丸心斎橋店

大丸心斎橋店外観。1920年代に流行ったネオ・ゴシックのスタイル

　大阪の商業施設の花形といえば、それはなんといっても百貨店である。昭和初期に御堂筋拡幅工事が完成すると、高島屋南海ビルディングやそごう百貨店、大丸百貨店などの個性的でモダンなデパート建築が、その沿道に建設されていった。

　京都で創業した大丸は、享保11年（1726）に心斎橋筋に間口一間の店舗を構えた。これが心斎橋店の始まりである。そして大正7年、ヴォーリズ建築事務所の設計により、百貨店として3階建ての木骨煉瓦造の店舗に拡張したが、大正9年に焼失してしまう。大正11年、再びヴォーリズによる設計で、まず6階建ての店舗を心斎橋筋側に建設し、昭和8年には御堂筋側に地上7階・地下2階の建物を増築。大丸心斎橋店の全体が完成した。

　建物は下層が石張りで中層がスクラッチタイル仕上げのネオ・ゴシックのスタイル。外観もさる

ことながら、とくに素晴らしいのは創建当時の姿をよく留めている1階売り場のインテリアである。アラベスク風の繊細な模様が連続する欄間の照明帯に囲まれた天井には、アール・デコによる幾何学模様のレリーフが広がっており、デパートらしいハレの場を華やかに演出している。

　階数表示の数字を大きく表したシャープなアール・デコのエレベーターホールも魅力的だ。米国出身のヴォーリズらしい、商業建築でのワンランク上の豊かなセンスがいかんなく発揮された、宝石のような輝きを放つ素晴らしい百貨店建築だ。

　大丸心斎橋店は老朽化とフロアの不足により、平成26年に建て替えを発表。長らく御堂筋の景観を彩っていた建物ゆえに反対運動が起きるが、御堂筋側の旧店舗のファサードを再現することで、その景観の記憶を保持することとなった。

1階売り場にある鷲（たか）を
かたどった梁の装飾

アール・デコとイスラム様式を組み合わせた優美でエキゾチックな1階売り場の天井。
こうした特徴的なインテリアも、建て替えで再現された

Looking Back 1997

1階売り場のインテリアは、アール・デコ様式にイスラム様式のスパイスをきかせ、とてもエキゾチックな美しさで仕上げてあった。

どちらの様式も幾何学的な装飾文様を反復するという点で特徴が共通しており、なかなか相性がよいと感じた。とくに売り場

を支える柱の柱頭部にある星形にくり抜かれた間接照明が素晴らしく、とにかくうまいデザインだと感心したものだ。

心斎橋筋側の玄関上部に飾られた孔雀のテラコッタ彫刻

御堂筋側正面玄関館内の欄間部分のステンドグラス。イソップ童話がモチーフ

1階エレベーターの装飾。反復する装飾文様の照明が目に鮮やか

3階エレベーターホール。階数の数字を大きく描いたシャープなアール・デコ様式がおもしろい

建築用語の基礎知識④
Basic knowledge of architectural term

ナ行

ネオ・ゴシック
18世紀後半から19世紀にかけてイギリスで興った、ゴシック建築の復興運動のことをネオ・ゴシック、あるいはゴシック・リバイバルと呼ぶ。イギリスからフランス、ドイツ、イタリアへと広がり、アメリカでも盛行を見た。ロンドンのウエストミンスター宮殿は、その代表的建築といわれる。

ハ行

パーゴラ
邸宅の軒先や庭、テラス、デッキなどに設ける、つる性の植物を絡ませた木製の棚やトンネル型の建築物のこと。もともとイタリアでは「葡萄棚」を指す言葉だったが、植物を這わせることによって日陰をつくり、ティータイムなどを楽しむためのくつろぎの場となった。

ハーフティンバー
西洋木造建築の一手法で、柱や梁、筋交い、間柱などの骨組みを外にむき出しにし、その間を煉瓦、土、石などで埋めて壁とする。イギリスやフランス、ドイツなどに多く見られる。語源には、木造と壁のその他の部分が半々に見えるためという説と、半割りにした木材を外部に見せるためというふたつの説がある。

パラペット
建物の屋上やバルコニーの外周部分、テラスのへりなどに設けられた、低い立ち上がり部分の壁のこと。建物の上面や先端を保護する役割を持っている。

表現主義
第一次世界大戦終結の頃の20世紀初頭、多分野にわたる表現主義運動の一環として、ドイツ語圏や北欧を中心に始まった建築様式。ガラスやコンクリートといった素材の持つイメージや性質を生かした造形が多い。

ピラスター
壁面から突出する形で浮き彫り状に表現される、断面方形の付け柱のこと。構造的な意味合いはなく、オーダーの規則に従って、空間的なアクセントや壁面にリズムを与えるために用いられる。古代ローマ建築で多用され、それを踏襲したルネサンス建築以降のヨーロッパの建築様式に広く用いられている。

ファサード
道路に面する建物の正面部分のデザインのこと。建物の象徴性を高める顔であると同時に、ヨーロッパの石造や煉瓦造の建物では、周囲の景観との調和を図るための意味合いもあるため、ファサードだけの改修や、付け加えることも少なくない。近年はファサードだけを保存する方法によって、歴史的建築物の保存と再開発を両立させるケースも増えている。

プロセニアム・アーチ
客席から見て、舞台を額縁のように区切る構造物のこと。戦後の日本に多数つくられたホールには、ほとんどにプロセニアム・アーチのある舞台が備えられている。

第5章

公共施設・官公庁舎

Public Facilities, Public Offices

東京駅丸の内本屋の改札口天井ドーム

Tokyo Station Marunouchi Building, The Postwar Reconstruction Period Repair

昭和の原風景として人々の心に残る
戦後復興期に改修された失われた東京駅

東京駅丸の内本屋・
戦後復興期改修

Architect Data
所在地：東京都千代田区丸の内
設計：辰野金吾
　　　（改修）運輸省鉄道局建築課
施工：大林組（改修）大林組
竣工年：大正3年（1914）
　　　（改修）昭和22年（1947）
解体年：平成19年（2007）

東京駅丸の内本屋外観。まだ周辺に高層ビルもなく青空が広い昭和の姿

　待ちに待った平成24年10月1日、赤煉瓦の東京駅が創建当時の姿に復元された。堂々たる南北の八角形ドーム、そして再現された3階部分にはさまざまな形の塔屋がにぎやかに並び、まるで宮殿のような華やかさに満ちた東京駅本来のプロポーションの美しさを、私たちは再確認した。

　東京駅丸の内本屋は、明治の建築界をリードした辰野金吾の代表作だ。建物は全長334mもあり、煉瓦造の近代建築では最大の規模である。煉瓦造だが軀体を鉄骨によって組み上げており、その堅牢な構造は関東大震災にも耐えた。しかし、昭和20年5月25日の東京大空襲によってドームや屋根が焼け落ちてしまう。戦後すぐに復旧工事が始まったが、昭和22年に工事用の覆いが取れて現れたその姿にはあの壮麗なドームはなく、八角形の寄棟屋根に変わっていた。3階と塔屋が削られたため、駅舎はさらに細長くなり単調な表情に

なった。物資が不足していた時期ゆえやむを得ないという理由があったが、南北改札口のドーム天井の施工はしっかりなされ（P.133、5章扉写真）、ローマのパンテオン神殿のドームを模した美しくリズミカルな意匠には、戦闘機用にストックしてあったジュラルミンを流用したという。

　戦後の復興を象徴するように再建された東京駅だが、高度成長期に入ると何度も駅舎の高層化案が浮上。しかし、そのたびに保存運動の輪が広がっていき、東京駅は平成15年に重要文化財となる。平成19年から往時の姿に戻すべく復元工事が行われ、平成24年に東京駅は完全に復元された。

　戦後60年に渡り私たちの目に馴染んだ改修姿の東京駅は、昭和の原風景のひとつとして多くの人の心に残っている。少しずつ記憶から薄れていく過去の姿を留める意味で、東京駅の失われた戦後復興期改修の姿をここに収めた。

皇室専用玄関であった中央部

北側玄関部。戦後改修で多角形のマンサード屋根に変更されていた

Looking Back 1993

平成5年に撮影した行幸通りか
ら見た東京駅の上には、青空だ
けが広がっていた。しかし、復
元にともなって、東京駅上空の
「空中権」取引の制度を利用し
た高層ビルが周りに建ち並ぶ
と、そこには最新のビルと大正
ルネサンス様式の駅舎が共存す
る新風景が現れた。ガラスの
カーテンウォールとクラシック
な煉瓦造、100年間の建築の変
化をそこに見ることができる。

60年の長きにわたり我々の目に親しんできた戦後昭和期の東京駅丸の内本屋の姿

Architect Data
所在地：東京都千代田区丸の内
設計：吉田鉄郎
施工：銭高組、大倉土木
竣工年：昭和6年（1931）
解体年：平成20年（2008）

Tokyo Central Post Office

外国人建築家にも高く評価された
日本最大規模のモダニズム建築

東京中央郵便局

　日本における初期モダニズムの名作として、近代建築史にその名を刻む東京中央郵便局。その建物は、昭和8年に来日したブルーノ・タウトや日本で活躍したアントニン・レーモンドといった外国人建築家にも高く評価された。当時、先進的な視点による設計活動で日本の建築界に新風を吹き込んだ逓信省経理局営繕課。その旗手だった吉田鉄郎が設計を担当。当時のヨーロッパ建築界の変化や潮流を吉田は機敏に汲み取り、日本で最大規模のモダニズム建築が完成した。これによってわが国は建築においても先進国であることを世界に示し、東京中央郵便局は吉田の代表作となっている。

　台形の敷地に建つ東京中央郵便局は、東京駅前広場に接した2面の正面の間を屈曲させて長大なファサードを展開し、スパン6mで並んだ柱と梁の構造体を表層に現している。その分割した間には大きな窓が嵌め込まれ、上階に行くほど窓の高さを低くして変化を与えており、4階と5階の間に配している胴蛇腹が全体を引き締めている。

　この開明で張りを持ったデザイン局舎は、東京に集まる膨大な郵便物の処理業務のセンターとして長年使用されていたが、平成20年に日本郵政株式会社により高層ビルに改築する計画が発表された。そして再開発の着手直後にここを視察した当時の総務相であった鳩山邦夫氏が、「重文の価値のある建物をそうでなくすることはトキを焼き鳥にして食べるようなこと」と発言。工事が一時中断するなど、再開発問題は政界を巻き込む形で物議を醸したが、駅前広場に面した東京中央郵便局の壁面を保全して高層建築を載せたJPタワーが平成24年に竣工。この建物の完成により、東京駅前のビルはすべて高層化した。

東京中央郵便局の外観。西側の側面外壁は手前の柱型2スパンを残して、改修によって失われている

正面玄関部分

東京中央郵便局

郵便窓口に林立していた黒い大理石の柱

郵便窓口の客だまり室

Looking Back 2008

東京中央郵便局の館内を撮影し
たのは建物閉鎖後だったが、驚
いたのは1階から3階にある郵
便物の仕分けや発送の業務を
行っていた現業室の広さだっ
た。東京に入ってくる膨大な郵
便物を処理するために、フロア
の3分の2を現業室が占めてい
た。がらんどうになったその大
空間を支えるために並ぶ108本
もの柱は、まるで森に林立する
巨木のようで、実に壮観だった。

後方にあった郵便輸送車の発着場

柱が林立する1階の郵便物の発送処理をする現業室

3階現業室

タイル張りのエレベーターホール。ヴォールト天井は後補のもの

腰にタイルが貼られた局員用の階段室

戦前モダニズム建築の最高傑作と評された柱と梁によるシャープで軽快な壁面構成

大阪中央郵便局

Architect Data
所在地：大阪府大阪市北区梅田
設計：吉田鉄郎
施工：清水組
竣工年：昭和14年（1939）
解体年：平成24年（2012）

東京中央郵便局と並ぶ吉田鉄郎の代表作である大阪中央郵便局。東京中央郵便局の完成から8年後に建設されたこの建物は、モダニズムの要素がさらに進化している。東京中央郵便局には屈曲した壁面や上階のコーニスなど、表現主義の残り香を感じさせるマイルドさがあった。しかし、この建物ではそれがすっかり影を潜め、柱と梁による線で構成された立面を組み合わせた外観は、シャープかつ軽快なリズムを壁面に生み出している。まさに吉田鉄郎の会心の作であり、戦前におけるモダニズム建築の最高傑作だった。

構造体である柱と梁の架構を外観に明快に反映させているこのデザインは、日本の伝統建築である木造の柱や梁を壁面に露出している真壁造をモダニズムに翻訳しているといわれ、5階上の軒庇の張り出しなど、伝統木造建築の美を現代建築に取り込んでいる。

この日本の土壌が生んだモダニズム建築は世界的にも高く評価されている。吉田鉄郎が生み出した伝統の美を反映させたモダン建築の系譜は、逓信省から郵政省に変わっても受け継がれ、その後進のひとりである小坂秀雄による「逓信ビル」（昭和40年）などの傑作がつくられている。

近代建築史にとって極めて重要な存在だった大阪中央郵便局だが、低迷する郵便事業の財政事情の前にはかなくその姿を消した。いかに残すべき価値のある貴重な建物といえども、経済至上主義の理論には通用しないのが無念である。

大阪中央郵便局の跡地には、地上39階建ての複合施設「JPタワー大阪」が2024年7月末にグランドオープンの予定だが、残念ながら東京中央郵便局のような大規模なファサード保存はない。

Looking Back 1995

格子状の柱と梁によるフレームの中に嵌め込まれた大きな窓のおかげで、ビル全体から重厚さよりも軽快さが感じられた。この開放的な窓の形は、私がかつて見に行ったドイツのバウハウス校舎に通じている。吉田鉄郎は昭和6年にバウハウスを訪れており、そこで出合ったモダニズムの革新性を、この大阪中央郵便局の建物で表現しようとしているのが、よくわかった。

大阪中央郵便局全景。柱と梁で構成された立面を組み合わせた傑作

正面玄関部分。上階に上がるにしたがって窓の高さが低くなっていた

Architect Data
所在地：東京都千代田区霞が関
設計：大蔵省営繕管財局
施工：清水組
竣工年：昭和8年（1933）
解体年：平成13年（2001）

Department of the Interior Office Building

外壁にスクラッチタイルを施した
激動の昭和を生き抜いた官庁舎

内務省庁舎

　明治時代の各官庁舎は大手町に集中しており、明治6年に設置された内務省もそのなかにあった。しかし、明治19年に井上馨が総裁を務めた内閣直属の臨時建築局が発足すると、国会議事堂や諸官庁を霞が関一帯に集中させて、ヨーロッパの列強国に負けない都市をつくろうという「官庁集中計画」が推し進められた。結局は予算の関係で、大審院と司法省が完成するに留まり、内務省が霞が関に移転することはなかった。

　その後、大正12年の関東大震災で諸官庁の庁舎が焼失すると、再び霞が関に官庁舎を建設する計画が見直されて、警視庁を皮切りに内務省、文部省、大蔵省の庁舎が次々と建設されていった。昭和8年には内務省庁舎が完成した。

　鉄筋コンクリート5階建てで、中庭がある、日の字形の平面構成となっていた建物は、外壁にスクラッチタイルを施した大規模なもので、街路に面した2か所の玄関には付柱を並べてゴシック風の垂直性を強調し、その上部に飾られたテラコッタ製の装飾がポイントになっていた。

　昭和16年、内務省をはじめ警視庁や文部省など昭和期に建てられた官庁建築には、戦局に備えるためそれぞれの陸屋根にコンクリートによる厚さ40cmの耐弾層が施された。昭和20年3月に空襲を受けた際も、この屋根のおかげでこれらの庁舎は被害を免れたが、道路の向かいにあった「官庁集中計画」で建てた煉瓦造の司法省と大審院は、外壁を残して焼け落ちてしまった。

　昭和22年に内務省が廃止されたのち、この建物は自治省の建物として使用されていたが、平成13年に解体された。現在、完全な形で残っている戦前からの省庁舎は旧大蔵省のみとなった。

堂々とした内務省庁舎全景

Looking Back 1995

歳月の経過を感じさせる、褐色系のどっしりとした大きな建造物だった。玄関部にあるゴシック調の付柱頂部には、テラコッタの装飾があった。テラコッタは陶器製の建築装飾材で、石材に比べてはるかに軽い。関東大震災後に広く普及したが、戦時中の生産規制、そして戦後はビルの無装飾化の流行によって、外装材料としてのテラコッタの人気はわずか15年ほどと短命に終わった。

正面玄関上部を飾るテラコッタ装飾は、伊奈製陶株式会社（現・リクシル）が製作した

ルネサンス様式の鹿児島県庁舎外観

Kagoshima Prefectual Office Main Building

質の高いデザインを誇る
典型的なルネサンス様式で建てられた官庁建築

鹿児島県庁舎本館

Architect Data
所在地：鹿児島県鹿児島市山下町
設計：曾禰中條建築事務所
施工：鹿児島県
竣工年：大正14年（1925）
解体年：平成8年（1996）

　かつての鹿児島県庁舎は、本館と県会議事堂（昭和35年取り壊し）がそれぞれ別棟で建設された。設計は曾禰中條建築事務所が担当した。コンドルの薫陶を受けた日本最初の建築家のひとりである曾禰達蔵と、曾禰の後輩で東京帝国大学工学部出身の中條精一郎が組んで開設した建築事務所である。さまざまな建築様式に通じており、その洗練されたデザインによって戦前の建築事務所では最高のポジションにあった。その設計活動は一流企業のオフィスビルや富裕層の邸宅など、民間の建築を主に手がけており、鹿児島県庁舎の設計を引き受けたのは、当時の鹿児島県知事橋本正治が中條精一郎と懇意だったためという。

　本館の平面は中庭を囲んだロの字形で、外観は中央玄関に装飾を集中して左右対称に翼部をのばしている官庁建築スタイル。中央玄関部に突き出した車寄せではドリス式のペアコラムが対で2階のベランダを支えており、2階にはイオニア式の列柱が並び、3階頂部の中央には盾形の装飾とその両脇にボールを配しているなど、そのデザインは典型的なルネサンス様式である。

　装飾的ではあるがその表情には穏和と威厳の両面が刻まれており、曾禰中條建築事務所ならではの質の高い表現がそこに見られる。構造は鉄筋コンクリートだが、外壁と内壁の一部に煉瓦が使われていた。これは建設費の都合で当時高価だった鉄筋コンクリート造を建物全部に施せなかったためと、中條はのちに語っている。

　平成8年に新県庁舎の竣工後、旧県庁舎は中央部分のみを残して取り壊され、曳家によって後方に移動して、現在は「かごしま県民交流センター県政記念館」として公開されている。

現在は建物の両翼が切り落とされ、中央部分のみ保存されている

エントランスホールから階段室を見る

Looking Back 1995

解体から13年後の平成21年に再度この庁舎を訪れた。両翼を落とされて中央玄関部分だけが残された姿には、極めてアンバランスで無残な印象を受けた。しかし、玄関ホールはきれいに復元されていたので撮影した。このページの写真は、外観は往時の姿、館内は復元後のものを使っている。建築の組み写真という視点から見ると、ある意味理想の形になったのではないだろうか。

Governor-General of Korea Government Office Building

破格の規模を誇る古典主義の名建築だったが
歴史上の負の遺産として取り壊された

朝鮮総督府本庁舎

Architect Data
所在地：大韓民国ソウル特別市
設計：ゲオルグ・デ・ラランデ
　　　朝鮮総督府営繕課
施工：朝鮮総督府直営、清水組
竣工年：大正15年（1926）
解体年：平成7年（1995）

　朝鮮総督府本庁舎は、横浜や神戸の居留地で活躍していたポーランド系ドイツ人建築家ゲオルグ・デ・ラランデによって設計された。しかし、建設中にラランデが病没したため、その後は朝鮮総督府営繕課の野村一郎や国枝博を中心に建設が進み、総建設期間15年という歳月と総工費636万円という巨費を投じて、大正15年に朝鮮総督府本庁舎は竣工した。大ドームを頂いた外観は古典主義を基調にしており、建物全体を覆う花崗岩はソウル市郊外で産出したものだ。

　正面玄関の階段を上がって館内に入ると、エントランスホールにはさらに階段があり、その頭上を仰ぐと5階吹き抜けの天井にはドーム型のステンドグラスが光を落としていた。その大きさやレースのような繊細な文様は、日本の近代建築史上最高のステンドグラスと思える美しさだった。階段を上がると、開放的かつ雄大な中央大ホールに導

かれる。高いヴォールト天井の明かり採りの窓が洋画家、和田三造が描いた大壁画「羽衣」を浮かび上がらせていた。

　床一面に広がる圧巻の大理石のモザイクは、朝鮮地元産のものを使用していた。ホールの三方には2層の開放的な回廊を巡らせ、正面には手すりが流麗なラインを描く対の階段を設置。その階段を上がった奥には、天井全面がバロック様式による漆喰装飾で覆われた大会議室が続き、豪奢でボリュームのある空間が展開していた。

　戦後この庁舎で大韓民国の成立宣言が行われ、長らく政府の中央庁舎として使用されていたが、1986年に国立中央博物館に転身。韓国にとって歴史上の負の遺産として、金泳三大統領の命によって1995年に取り壊された。現在は解体された残骸の一部が、天安市にある独立記念館の野外に展示してある。

朝鮮総督府本庁舎外観。建坪2,134坪、ドーム頂部の高さ54.5mの大建築である

Looking Back 1993

私の初の海外旅行先はソウル。
その目的は、朝鮮総督府の撮影
だった。当時、庁舎は国立中央
博物館だったので、館内に入る
のは問題なかった。大胆にもア
ポなしで大判カメラを持ち込ん
だが、警備員からはとくに何も
いわれなかった。おかげで予想
を超える立派なインテリアを撮
影できた。展示物の撮影でな
かったのが幸いしたのかもしれ
ないが、貴重な写真を残すこと
ができた。

大理石による床のモザイク
模様、正面のバロック仕様
の階段など、3層吹き抜け
の中央大ホールは圧巻だ

中央大ホールの上部に掲げられた大壁画。洋画家・和田三造の筆による「羽衣」

きらびやかなエレベーターホール

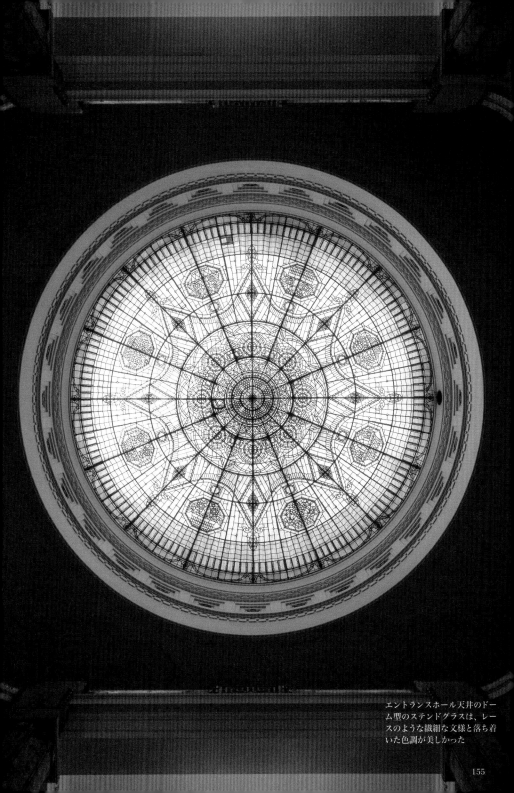

エントランスホール天井のドー
ム型のステンドグラスは、レー
スのような繊細な文様と落ち着
いた色調が美しかった

中央大ホール後方にあった大会議室。天井を覆う装飾は古典主義だが、ディテールの解釈が独創的

大会議室の暖炉上の重厚な装飾

建築用語の基礎知識⑤
Basic knowledge of architectural term

マ行

マンサード屋根

寄棟屋根の4方向の屋根勾配が、上部は緩く軒に近い下部で急にきつくなる、外側四面寄棟二段勾配屋根。切妻屋根の2方向の屋根が折れ曲がった腰折れ屋根は、ギャンブレル屋根と呼ばれる。天井高を大きく確保できるので、窓を設けて屋根裏部屋として用いられることもある。

モダニズム建築

19世紀以前の建築様式を批判し、市民革命と産業革命以降の社会の現実に合った建築をつくろうとする、近代建築運動によって生まれた建築様式。近代主義建築ともいわれる。単に装飾を省略するだけでなく、技術的には鉄骨造や鉄筋コンクリート造の普及、大量生産のガラスがモダニズム建築誕生の前提条件となった。

モンドリアン風

19世紀末から20世紀にかけて活躍したオランダの画家モンドリアンの作風に近い表現方法のこと。本格的な抽象絵画を描いた最初の画家といわれ、水平と垂直のみによって分割された画面に、赤・青・黄の三原色のみを用いるというストイックなスタイルで知られている。

ラ行

欄間

採光、通風、装飾のために、部屋と部屋の境目や、部屋と廊下の境目に設けられた、天井と鴨居との間にある開口部のこと。障子や格子のほか、さまざまな図柄の透かし彫りを施した板を嵌め込んで、装飾的に仕上げられることも多い。

リブ・ヴォールト

断面アーチとその対角線のアーチをリブ（強度を増すための補強材）とし、そのすき間をセルによって覆うヴォールト天井のことで、交差ヴォールトの稜線をリブで補強した形状ともいえる。天井部分の軽量化が可能で、ゴシック建築における空間構成の大きな特徴となった。

ルネサンス様式

15世紀から17世紀初頭に、フィレンツェを中心とするイタリアで始まり、その後はヨーロッパ各地に広く普及した建築・美術様式を指す。装飾過多のゴシック様式への反動から古典古代を理想とし、建築的にはシンメトリー（左右対称）とバランス（調和）を重視し、大理石の床や円柱、アーチ、直線を多用しコーニスを施した外壁などの特徴を持つ。建物は中央に入り口を配し、左右に翼部を延ばし、さらに延びる場合はコの字形に整然と配置されることが多い。日本に現存する建物としては、日本銀行本店本館などが代表的。

ロマネスク様式

10世紀末から12世紀にかけての中世西ヨーロッパ各地で見られた建築様式。ゴシック様式以前の建築となるため、実質的に最初のヨーロッパ建築ともいわれている。ロマネスク様式は修道院の建築様式として発達したので、特徴としてはローマ風の半円形アーチを持つ。建材は木材と煉瓦が使われたが、石屋根を支えるために太い柱と石造の厚い壁が必要とされたため、窓が小さく装飾も少ない。代表的な建物としては、ピサの斜塔を付属したピサ大聖堂などが有名。

ロンバルディア帯

イタリアのロンバルディア地方で盛んに使われ、その後、ドイツやフランスにも広まったロマネスク建築の壁面装飾。小列柱をいくつかの小アーチで連結した装飾帯が、外壁の凸凹のみで表現されている。

保存される名作建築、
消えゆく名作建築

　たとえどんなに名作といわれる建築でも、老朽化による建て替えや、相続税対策のための土地の売却といったさまざまな理由によって、解体されてしまうことは避けられない。しかし、解体の危機に直面しながら、保存再生されることになった幸運な建物もあるので、ふたつのケースを紹介したい。

case 01

　かつて東京都世田谷区瀬田にあった「誠之堂」（田辺淳吉設計・大正5年）は、渋沢栄一の喜寿を記念して建てられた大正時代を代表する煉瓦造の小住宅だ。管理をしていた学校が校舎拡張のために、取り壊しを計画していた。解体作業のテントも張られ、いよいよ明日が解体決行というタイミングで、保存活動に奔走していた建築家が、藁にもすがる思いで渋沢栄一の故郷、埼玉県深谷市に移築保存を電話で願い出た。同市の迅速な行動によって状況は一転。誠之堂の取り壊しは寸前で中止になった。解体用のテントが保存調査用の囲いに変わった瞬間だった。

case 02

　ドイツ表現派の建築家ブルーノ・タウトが日本滞在中に静岡県熱海市に建設した「日向別邸」（昭和11年）は、初島を遠望する高台の崖面に建設されたユニークな地下構造の建築だ。所有していた会社が売却して跡地をマンションにする予定だったが、ある女性の篤志家が購入資金と修繕費を熱海市に寄付したため、取り壊しを免れ、現在は一般公開されている。

　このふたつの建物は保存決定後に国の重要文化財に指定されており、「取り壊し」と「文化財指定」がいかに紙一重かということがわかる。「保存か取り壊しか？」という状況に直面する名作建築は、おそらくこれからも出てくることだろう。しかし、こうした状況を乗り越えてこそ、日本は本当の意味で文化的に成熟した国になるのではないだろうか。日本の近代化における〝生き証人〟ともいうべき、いまも全国各地に残る近代建築。天災や戦災で、高度成長期の整理物件として、失われたものは多いが、この貴重な歴史遺産をこれ以上減らしたくない。

プロフィール●伊藤隆之　著・写真

いとう・たかゆき　1964年、埼玉県生まれ。早稲田大学芸術学校空間映像科卒業。舞台美術を手がけるかたわら、日本の近代建築に興味をもち写真を学び、1989年から近代建築の撮影を始める。これまでに撮影した近代建築は2,500棟を超え、造詣も深い。これまで、『日本近代建築大全「東日本編」』『同「西日本編」』（ともに監修・米山 勇　刊・講談社）、『時代の地図で巡る東京建築マップ』（著・米山 勇　刊・エクスナレッジ）、『死ぬまでに見たい洋館の最高傑作』（監修・内田青蔵　刊・エクスナレッジ）などに写真を提供してきた。著書には『明治・大正・昭和 西洋館＆異人館』（刊・グラフィック社）、『看板建築・モダンビル・レトロアパート』（刊・グラフィック社）、『日本が世界に誇る 名作モダン建築』（刊・エムディーエムコーポレーション）、『盛美園の世界』（刊・名勝盛美園）がある。本書で紹介した近代建築では三信ビルがお気に入り。

STAFF

デザイン　武田康裕・渡辺えり子（DESIGN CAMP）
編集　後藤 聡（エディターズ・キャンプ）、川添大輔（扶桑社）
写真補正、DTP　川添大輔（扶桑社）

Special Thanks　霜鳥正幸（株式会社ルナテック）

もう二度と見ることができない幻の名作レトロ建築

発行日　2024年6月28日　初版第1刷発行

発行者　秋尾弘史
発行所　株式会社 扶桑社
　　　　〒105-8070
　　　　東京都港区海岸1-2-20　汐留ビルディング
　　　　電話　03-5843-8583（編集）
　　　　　　　03-5843-8143（メールセンター）
　　　　www.fusosha.co.jp
印刷・製本　図書印刷株式会社